AF106457

SUPER
Sexy!

ANGELO COASSIN
@cookingwithbello

KOCHEN WIE EIN ECHTER ITALIENER

südwest

ANGELO COASSIN

KOCHEN
WIE EIN ECHTER
ITALIENER

VORWORT
- 6 -

ZUTATEN
- 8 -

FAQ
(ODER: FRAG ANGELO)
- 9 -

ANTIPASTI
- 10 -

PRIMI
- 38 -

SECONDI
— 86 —

DOLCI
— 118 —

APERITIVO
— 156 —

DANK
— 170 —

REGISTER
— 172 —

VORWORT

Ciao! Ich bin Angelo (oder Bello, wenn du willst), und ich bin der Kopf hinter @**cookingwithbello**! Du findest mich auf Instagram, TikTok, Threads, YouTube, Facebook und Pinterest.

Manchmal frage ich mich, woher meine Leidenschaft für gutes Essen kommt. Ich kann mich nicht genau erinnern, aber ich glaube, sie wurde mir in die Wiege gelegt – ich bin durch und durch Italiener. Ich stamme aus der schönen Region Friaul-Julisch Venetien im Nordosten Italiens, etwa eine Autostunde von Venedig. Geboren wurde ich in San Daniele del Friuli. Die kleine Stadt ist, ebenso wie Parma, weltberühmt für ihren köstlichen *prosciutto crudo*. Ich wurde am Erntedankfest geboren. Dieses Fest feiern wir in Italien gar nicht, aber meine Tante Maria, die in den USA lebt, nennt mich immer *tacchino* (Truthahn), weil ich an Thanksgiving, am »Tag des Truthahns« zur Welt kam.

Mein Geburtsort und das -datum sollten eigentlich schon ausreichen, um meine kulinarische Leidenschaft zu erklären. Dazu kommt aber noch, dass meine Familie seit mehr als 150 Jahren eine Bäckerei besitzt. In meiner Heimatstadt nennt man uns *quelli del pane* (die das Brot machen), und darauf war ich immer enorm stolz. Nach der Schule lief ich zur Bäckerei (gerade einmal fünf Minuten zu Fuß) und wartete, bis mein Vater Feierabend machte. Für mich war die Bäckerei buchstäblich der Himmel, denn in der Wartezeit durfte ich Brot, Pizzen und Gebäck probieren. Manchmal gab es Teigreste, mit denen ich spielte und mein eigenes Brot backte.

Als Kind einer italienischen Familie hatte ich täglich mit gutem Essen zu tun. Meine Hausaufgaben machte ich am liebsten in der Küche, während meine Mutter und meine Oma kochten. Manchmal ließ ich mich ablenken und fragte sie, ob ich helfen könnte, und ich notierte mir Zutaten, Temperaturen und Kochtipps, statt meine Hausaufgaben zu machen. Meine Mutter und meine Oma haben mir alles beigebracht, was ich über das Kochen weiß, und viele Rezepte in diesem Buch stammen von ihnen.

Neben dem Kochen ist Tanzen meine große Leidenschaft. Schon mit drei Jahren ging ich zum Ballettunterricht. Als Kind tanzte ich immer zu Hause, und meine Familie musste sich meine Aufführungen im Wohnzimmer ansehen. Als Tanzfan hat man es in einer Kleinstadt nicht immer ganz leicht, und in der Schule wurde ich öfter gehänselt. Glücklicherweise hat meine Familie mich immer unterstützt und mich ermutigt, weiter zu tanzen. Noch heute, fast dreißig Jahre später, gehe ich immer noch jede Woche zum Tanzunterricht. Es ist nicht nur gut für die körperliche Fitness und Koordination, sondern tut auch meiner Seele gut.

Meinen Account auf Instagram habe ich während des ersten Covid-19-Lockdowns am 26. April 2020 eingerichtet. Wir alle erinnern uns an diese Zeit. Plötzlich saß ich in einer winzigen WG im Zentrum Londons fest, ohne Job und ohne Perspektive. Ich war im Oktober 2018 nach London gezogen, um meine künstlerische Laufbahn als Tänzer fortzusetzen, und bis zum Ausbruch der Pandemie hatte ich abends auf der Bühne gestanden und tagsüber in einem Café gearbeitet.

Ich sitze nicht gerne herum, also beschloss ich, die zwangsweise arbeitsfreie Zeit zu nutzen, um eine meiner größten Leidenschaften wiederzuentdecken – das Kochen. Ich experimentierte mit neuen Geschmacksrichtungen und Techniken und entdeckte alte Rezepte aus meiner Familie wieder.

Ich hatte Lust, andere an meinen Aktionen teilhaben zu lassen, und da ich nicht gerade kamerascheu bin, beschloss ich, mein erstes Videorezept zu veröffentlichen. Einigen gefiel es, und allmählich wurden meine Zuschauer immer mehr. Das hat mir Mut gemacht, meine »super sexy Rezepte« weiter zu teilen!

Ich werde immer wieder gefragt, warum ich meine Rezepte als »super sexy« bezeichne. Die Frage finde ich etwas verwirrend ... ich meine, habt ihr euch meine Rezepte angesehen? Ich will nicht überheblich sein, aber wie sollte man sie denn sonst beschreiben? Ehrlich gesagt fällt mir einfach keine bessere Bezeichnung ein.

Ich werde auch oft gefragt, warum ich meine Seite »Cooking with Bello« (Kochen mit Bello) genannt habe. Bello? Hä? Nein, kein Hundename. Als *Bello* (wörtlich gut aussehend, hübsch) bezeichnen wir in Italien auch einfach einen guten Freund. Als ich nach Großbritannien zog, nannten mich alle meine Freunde Bello – und so kam es zu »Kochen mit Bello«.

Cook Like a Real Italian ist mein erstes Kochbuch – eine Sammlung meiner liebsten italienischen Rezepte. Wie der Titel schon sagt, lernst du hier, zu kochen wie ein echter Italiener. Du erfährst, wie man die berühmtesten italienischen Klassiker wie Carbonara, Arancini und Tiramisù zubereitet, lernst aber auch einige moderne italienische Rezepte kennen, die du vielleicht noch nie probiert hast, aber bestimmt lieben wirst (siehe Pizza Muffins auf Seite 17, Blitznudeln mit Spinatpesto auf Seite 81 oder mein Lava-Cake mit Pistazien auf Seite 154).

Das Schöne an der italienischen Küche ist, dass sie nicht nur umwerfend sexy ist, sondern dass die meisten Gerichte auch echt einfach zuzubereiten sind. Alles, was du brauchst, um unwiderstehlich leckeres Essen auf den Tisch zu bringen, sind ein paar wirklich hochwertige Zutaten und ein wenig Zeit.

Ich habe versucht, meine Rezepte so weit wie möglich zu vereinfachen, damit sie wirklich jeder und jedem gelingen. Selbst wenn du noch nie wirklich gekocht hast, kannst du meinen Rezepten Schritt für Schritt folgen. Ich verspreche dir, das Ergebnis wird schmecken wie in Italien.

ZUTATEN

Hier kommt eine Liste mit einigen der wichtigsten Zutaten, die ich in diesem Buch verwende – und die du für die echte italienische Küche brauchst.

PASTA

In Italien serviert man zu jeder Nudelform eine bestimmte Sauce. Je nach Form der Pasta und Konsistenz der Sauce gibt es Kombinationen, die nicht voneinander zu trennen sind und seit Jahrhunderten geschätzt werden (z.B. Tagliatelle mit Bolognese-Sauce oder Bucatini mit Amatriciana-Sauce). Dieses Buch enthält selbstverständlich jede Menge Nudelrezepte, und für jedes habe ich die perfekte Nudelform vorgeschlagen. Letztendlich kocht aber jede(r) für sich selbst. Nimm also ruhig deine Lieblingsnudeln – aber sag es mir nicht!

FRISCHES BASILIKUM

Basilikum ist wahrscheinlich das meistverwendete Kraut in der italienischen Küche. Von meiner Oma habe ich gelernt, dass man es nicht mit einem Messer schneiden soll, denn dadurch oxidieren die Blätter und werden braun. Besser ist es, die Blätter mit den Fingern in Stücke zu reißen.

MOZZARELLA

Für die meisten Rezepte in diesem Buch wird geriebener Mozzarella (Pizzamozzarella) verwendet. Frischer Mozzarella enthält viel Wasser und kann Gerichte matschig machen, wenn er nicht richtig behandelt wird. Heutzutage gibt es geriebenen Mozzarella von sehr guter Qualität, der meiner Meinung nach genauso gut zu verwenden ist. Wer frischen Mozzarella verwenden möchte, lässt ihn sehr gut abtropfen, schneidet ihn in Scheiben und tupft diese mit Küchentüchern trocken. Dann hängt man ein Sieb über eine Schüssel, gibt die Scheiben hinein und deckt sie mit Frischhaltefolie ab. Über Nacht in den Kühlschrank gestellt gibt der Mozzarella den größten Teil seiner Flüssigkeit ab und kann dann für verschiedene Rezepte verwendet werden.

GUANCIALE

Ich nenne ihn gerne »italienischen Bacon«. Er wird aus Schweinebacke hergestellt, daher der Name (*guancia* bedeutet Backe oder Wange). Guanciale ist fetter als durchwachsener Speck und hat einen intensiveren Geschmack. Traditionell verwenden wir ihn in Rezepten wie Carbonara und Amatriciana. Außerhalb Italiens ist et schwierig zu bekommen und oft recht teuer. Nimm also ruhig Speckwürfel oder Pancetta. Keine Sorge, meine Oma hätte dafür Verständnis.

PECORINO

Pecorino ist ein salziger Hartkäse aus Schafsmilch. Wegen seines kräftigen Geschmacks eignet er sich perfekt für Rezepte wie Carbonara und Amatriciana. Ersatzweise können Parmigiano (Parmesan) oder Grana Padano verwendet werden.

Hinweis: Sofern nichts anderes angegeben ist, werden gebackene Gerichte in einem normalen Küchenbackofen zubereitet.

FAQ ODER: FRAG ANGELO

FÜR DIE PASTA: WIE VIEL SALZ IN WIE VIEL KOCHWASSER?

Diese beiden Zutaten habe ich im ganzen Leben noch nie abgemessen. Italiener wissen instinktiv, wie viel Salz und Wasser unsere Pasta braucht. Aber es gibt tatsächlich eine Regel: Pro 100 g Pasta braucht man 1 Liter Wasser und 10 g Salz. So einfach ist das!

MÜSSEN LASAGNEPLATTEN VORGEKOCHT WERDEN?

Damit das ein für allemal klar ist: Nein, Lasagneplatten müssen nicht vorgekocht werden. Egal, ob du frische oder trockene Nudelplatten kaufst, beide werden im Ofen weich und gar. Wichtig ist nur, dass sie mit reichlich Tomaten- und Béchamelsauce bedeckt sind, denn die Flüssigkeit sorgt für den Garvorgang. Ich persönlich bevorzuge frische Lasagneblätter, da man sie schneiden und an die Größe der verwendeten Backform anpassen kann. Alle Rezepte in diesem Buch wurden mit frischen Lasagneplatten getestet. Wenn du also trockene Nudelplatten verwendest, musst du deine Lasagne wahrscheinlich etwas länger backen.

WIE MACHT MAN DIE TOMATENSAUCE FÜR PIZZA?

Das ist wahrscheinlich die häufigste Frage auf meinen Kanälen, und die Antwort ist ganz einfach. Zunächst einmal solltest du deine Pizzasauce niemals kochen, bevor du sie auf deinen Teig streichst. Das ist in Italien eine Sünde.

Für die perfekte Pizzasauce kippst du einfach *passata* (passierte Tomaten) in eine Schüssel und würzt sie mit Salz, frisch gemahlenem schwarzen Pfeffer und einer Prise getrocknetem Oregano. Einen Spritzer natives Olivenöl extra hinzufügen und umrühren. Verteile die Pizzasauce auf deinem Pizzateig oder verwende sie als Füllung für Calzone und Panzerotti.

WAS BEDEUTET ›AL DENTE‹?

Al dente bedeutet wörtlich »für den Zahn« und beschreibt die perfekte Konsistenz, die Nudeln nach dem Kochen haben sollten. Das Geheimnis perfekter al dente-Nudeln besteht darin, sie 2–3 Minuten vor der auf der Packung angegebenen Kochzeit abzugießen. Dann kannst du die Nudeln zusammen mit etwas Nudelkochwasser zu deiner Sauce geben und alles ein paar Minuten lang schwenken, damit sich die Aromen verbinden. Das Nudelwasser ist wichtig, denn in ihm ist die Stärke aus den Nudeln gelöst. Und diese gelöste Stärke macht das fertige Gericht super-cremig. *Mamma mia!*

WAS BEDEUTET ›SCARPETTA‹?

Scarpetta bedeutet wörtlich »kleiner Schuh«. Gemeint ist, mit einem Stück Brot die Sauce vom Teller zu wischen. Von einer umwerfend leckeren Sauce soll ja schließlich kein Tropfen umkommen. Also her mit dem Brot, und wischen, als gäbe es kein Morgen.

ANTIPASTI

ANTIPASTI

A N T I

P

ANTIPASTI

ASTI

ANTIPASTI

ANTIPASTI

MAMMA Mia!

Antipasti (Vorspeisen) werden zu Beginn eines jeden guten italienischen Abendessens serviert. Ehrlich gesagt sind sie mein Lieblingsgang. Manchmal stelle ich ein ganzes Abendessen aus Antipasti zusammen. Je nach Anzahl der Gäste bereite ich fünf oder sechs davon vor, zusammen mit etwas Brot und einer schönen Wurstplatte. Dazu eine Flasche Wein und ein paar Cocktails, und fertig ist das Essen!

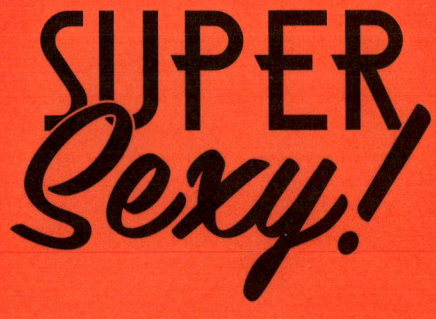

In diesem Kapitel verrate ich das Rezept für mein kinderleichtes Brot ohne Kneten (Seite 28)! Du kannst es für Bruschetta verwenden oder einfach rösten und mit einem guten nativen Olivenöl extra, etwas frisch gemahlenem schwarzem Pfeffer und Meersalzflocken servieren. So einfach – und so lecker – können Antipasti sein.

PARMESAN-PERLEN

- PORTIONEN -
4

- VORBEREITUNG -
5 Minuten

- GARZEIT -
6–7 Minuten

Wenn du nur 10 Minuten Zeit hast, um eine Vorspeise zu zaubern, habe ich das perfekte Rezept für dich. Es ist kinderleicht, und du brauchst nur zwei Zutaten.

100 g Parmesan, gerieben
2 Eiweiß
1 l Sonnenblumenöl

Parmesan und Eiweiß in eine Schüssel geben und mit einem Löffel zu einem glatten Teig verarbeiten.

Von dieser Mischung 1½ Esslöffel abnehmen und mit den Händen zu einer kleinen Kugel von etwa 1 Zentimeter Durchmesser formen.

So lange Kugeln formen, bis der gesamte Teig verbraucht ist. (100 Gramm Parmesan ergeben 15–20 Kugeln.)

Das Öl in eine große, tiefe Bratpfanne gießen und auf 170 °C erhitzen.

Um zu prüfen, ob das Öl heiß genug ist, einfach den Stiel eines Holzlöffels in das Öl tauchen. Wenn sich an ihm Bläschen bilden, ist die richtige Temperatur erreicht. Die Parmesan-Perlen portionsweise etwa 6–7 Minuten goldbraun frittieren.

Mit einem Schaumlöffel aus der Pfanne nehmen und auf einem mit Küchenpapier ausgelegten Teller abtropfen lassen. Dann nach Belieben mit etwas geriebenem Parmesan *on top* servieren.

Buon appetito!

- *Sexy Tipp* -
Wenn die Käseperlen beim Herausnehmen aus dem Öl schlaff wirken, bedeutet das, dass sie noch ein paar Minuten länger frittiert werden müssen.

PIZZA MUFFINS

- PORTIONEN -
6

- VORBEREITUNG -
35 Minuten + Wartezeit

- GARZEIT -
25 Minuten

Diese Pizzamuffins kannst du mit deinen Lieblingszutaten belegen – nur bitte nicht mit Ananas. Die ist definitiv NICHT SEXY!

- FÜR DEN TEIG -

380 g Mehl
7 g Trockenhefe
8 g (1 TL) Salz
240 g lauwarmes Wasser

- FÜR DEN BELAG -

150 g Passata
1 Prise Salz
1 Prise schwarzer Pfeffer, frisch gemahlen
1 Prise getrockneter Oregano
natives Olivenöl extra
200 g Mozzarella, gerieben

Mehl, Hefe und Salz in einer großen Rührschüssel vermischen. Das Wasser nach und nach zugeben und alles etwa 4–5 Minuten lang verkneten, bis ein glatter Teig entstanden ist. Mit einem sauberen Tuch abdecken und 30 Minuten ruhen lassen.

In der Zwischenzeit 100 Gramm passierte Tomaten in eine Schüssel geben und mit Salz, Pfeffer, Oregano und einem Spritzer Olivenöl würzen.

Den Backofen auf 180 °C Umluft vorheizen und ein Muffinblech mit Olivenöl einfetten.

Den Teig mit einem Nudelholz auf einer sauberen Fläche zu einem etwa 1 Zentimeter dicken Quadrat ausrollen und die Passata darauf verteilen.

Den Teig zu einer Wurst aufrollen und in 12 Stücke schneiden.

Diese 12 Scheiben mit den Schnittflächen nach oben/unten in die Muffinförmchen legen. Mit der restlichen Passata und dem Mozzarella belegen und im Ofen etwa 20–25 Minuten goldbraun backen … *mamma mia!*

PARMESAN BISCOTTI

- PORTIONEN -
4–6

- VORBEREITUNG -
15 Minuten

- GARZEIT -
10–12 Minuten

Diese pikanten Käsebiscotti eignen sich hervorragend als einfache Vorspeise oder Party-Snack. Sie können am Vortag zubereitet werden. Am besten in einem luftdichten Behälter aufbewahren, damit sie nicht austrocknen. Zusammen mit Salami oder Schinken auf einer Platte servieren … *buonissimo!*

125 g Mehl Type 550, plus mehr zum Arbeiten
100 g Parmesan, gerieben
90 g kalte Butter, gewürfelt
1 kleines Bund Thymian, fein gehackt
1 Prise Salz
1 Prise schwarzer Pfeffer, frisch gemahlen

Den Ofen auf 180 °C (Umluft) vorheizen und ein Backblech mit Backpapier auslegen.

Alle Zutaten in einer großen Schüssel vermengen und einige Minuten lang mit den Händen kneten, bis ein glatter Teig entsteht.

Den Teig auf einer leicht bemehlten Fläche mit einem Nudelholz etwa 4 Millimeter dick ausrollen.

Aus dem Teig Kreise ausstechen. Die Teigreste kurz verkneten, erneut ausrollen und weitere Kreise ausstechen. Auf das vorbereitete Backblech legen und 10–12 Minuten backen.

Buon appetito!

- *Sexy Tipp* -

Wenn du die Biscotti vor dem Backen mit etwas Ei bestreichst, bekommen sie einen satten, goldenen Glanz.

BRUSCHETTA KLASSISCH & MODERN

Bruschetta ist eine der berühmtesten italienischen Vorspeisen: ganz einfach zu machen und umwerfend lecker! Hier verrate ich alle meine Geheimnisse für die perfekte klassische Bruschetta, aber auch eine supereinfache moderne Version!

- PORTIONEN -
4

- VORBEREITUNG -
5 Minuten + Wartezeit

- GARZEIT -
10 Minuten

- KLASSISCHE BRUSCHETTA -

300 g Kirschtomaten, gehackt
natives Olivenöl extra
getrockneter Oregano nach Geschmack
Blätter von einem kleinen Bund Basilikum
4 Scheiben Sauerteig-Weißbrot
1 Knoblauchzehe
Salz

Die Kirschtomaten in eine Schüssel geben, großzügig mit Olivenöl beträufeln und mit Salz und Oregano bestreuen. Den größten Teil der Basilikumblätter dazugeben und alles miteinander vermengen.

Die Schüssel mit Frischhaltefolie abdecken und 30 Minuten bei Zimmertemperatur ruhen lassen.

Eine Grillpfanne mit etwas Olivenöl beträufeln und das Brot bei mittlerer Hitze 3–4 Minuten rösten, dann umdrehen und die andere Seite ebenfalls rösten.

Die Knoblauchzehe halbieren und die gerösteten Brotscheiben damit einreiben. Zum Schluss die Tomatenmischung darauf verteilen und mit den restlichen Basilikumblättern und einem zusätzlichen Spritzer Öl garnieren.

- PORTIONEN -
4

- VORBEREITUNG -
5 Minuten

- GARZEIT -
1 Stunde

- MODERNE BRUSCHETTA -

8 Knoblauchzehen, abgezogen
natives Olivenöl extra
4 Scheiben Sauerteig-Weißbrot
20 Kirschtomaten, halbiert
2 × 150 g Burrata, halbiert
4 EL Pesto (siehe Seite 63)
Salz
schwarzer Pfeffer, frisch gemahlen
Balsamico-Creme zum Servieren

Zuerst ein Knoblauchconfit zubereiten. Dazu die Knoblauchzehen in einem kleinen Topf bei schwacher Hitze andünsten, dann so viel Olivenöl hinzugeben, dass sie vollständig bedeckt sind. Etwa 45 Minuten bis 1 Stunde langsam köcheln lassen, bis der Knoblauch butterweich ist. Auf Zimmertemperatur abkühlen lassen.

In der Zwischenzeit eine Grillpfanne mit etwas Olivenöl einfetten und die Brotscheiben bei mittlerer Hitze 3–4 Minuten von jeder Seite rösten.

Die Tomaten und einen Spritzer Olivenöl in einer kleinen Schüssel vermengen. Mit Salz und Pfeffer würzen und beiseite stellen.

Das Knoblauchconfit gleichmäßig auf den Brotscheiben verteilen, dann jeweils eine halbe Kugel Burrata darauf legen. Jeweils 1 Esslöffel Pesto darüber träufeln, dann mit den Tomaten belegen. Mit einem Spritzer Balsamico-Creme beträufeln und servieren.

Buon appetito!

- Sexy Tipp -

Für ein optimales Aroma Basilikumblätter immer mit den Fingern zerrupfen. Wenn du sie mit einem Messer schneidest, oxidieren sie und werden schneller braun.

KARTOFFEL-KÄSE-FOCACCIA

- PORTIONEN -
4–6

- VORBEREITUNG -
30 Minuten

- GARZEIT -
10 Minuten

Wusstest du, dass du mit nur zwei Zutaten – Kartoffeln und Speisestärke – super-einfach Pfannen-Focaccias machen kannst? Diese kleinen Focaccias mit Käsefüllung passen gut zu Aperitifs und sind ein Renner auf jeder Party.

4 mittelgroße Kartoffeln, geschält und gewürfelt
90 g Speisestärke
150 g Mozzarella, gerieben
Olivenöl zum Braten
Salz

Salzwasser in einem Topf zum Kochen bringen und die Kartoffeln etwa 20 Minuten kochen, bis sie weich sind. Abgießen, dann in eine Schüssel geben. Die Kartoffeln mit einem Kartoffelstampfer zerdrücken, dann die Speisestärke hinzufügen und zu einem glatten Teig verarbeiten.

Etwa 50 Gramm des Kartoffelteigs mit den Händen zu einer 1 cm dicken Scheibe formen. 1 Esslöffel Mozzarella in die Mitte geben, dann den Teig wieder zur Kugel formen. Die Kugel zu einem kleinen Fladen flach drücken. Den Vorgang wiederholen, bis Teig und Mozzarella aufgebraucht sind. (Das Rezept ergibt 4–6 Portionen Focaccia.)

Das Olivenöl in einer Pfanne auf mittlerer Temperatur erhitzen, dann die Kartoffel-Focaccias portionsweise ca. 5 Minuten auf jeder Seite braten, bis sie außen schön knusprig sind. Sofort servieren.

Buon appetito!

- *Sexy Tipp* -
Auch krass gut: Etwas Schinken oder gegarte Pilze mit dem Käse in den Teig einwickeln.

SCROCCHIARELLA MIT THUNFISCH-DIP

- PORTIONEN -
6–8

- VORBEREITUNG -
15 Minuten

- GARZEIT -
35 Minuten

Scrocchiarella (wörtlich in etwa »Knisternde«) sind supereinfache, selbst gemachte Cracker, die ich gerne als Vorspeise zu meinem leckeren Thunfisch-Zwiebel-Dip serviere.

- FÜR DEN THUNFISCH-ZWIEBEL-DIP -

natives Olivenöl extra
300 g rote Zwiebeln, in Ringe geschnitten
500 ml Wasser
150 g Thunfisch aus der Dose
100 g Mayonnaise
½ EL Kapern
5 Sardellenfilets
1 EL Petersilie, gehackt
Salz

- FÜR DIE SCROCCHIARELLA -

50 ml Weißwein
50 ml Wasser
100 ml Sonnenblumenöl
1 TL Salz
2 TL Trockenhefe
300 g Mehl

Zuerst den Thunfisch-Zwiebel-Dip zubereiten. Etwas Olivenöl in einer Pfanne nicht zu stark erhitzen. Die Zwiebeln hineingeben, mit Salz bestreuen und unter gelegentlichem Rühren ein paar Minuten dünsten.

Das Wasser hinzufügen und darauf achten, dass die Zwiebeln vollständig bedeckt sind. Zum Kochen bringen, dann die Hitze reduzieren und 15 Minuten köcheln lassen, bis die Zwiebeln weich sind. Die Zwiebeln in einem Sieb abtropfen lassen, in eine Schüssel geben und abkühlen lassen.

In der Zwischenzeit Thunfisch, Mayonnaise, Kapern, Sardellen und Petersilie im Mixer pürieren, bis die Masse cremig ist. Abschmecken. Die Zwiebeln unter das Thunfischpüree rühren und beiseite stellen.

Weiter geht es mit der *scrocchiarella!*

Den Ofen auf 190 °C Umluft vorheizen.

In einer Rührschüssel Wein, Wasser, Sonnenblumenöl, Salz, Hefe und Mehl vermischen. Mit den Händen zu einem glatten Teig verarbeiten.

1 kleines Bund Rosmarin,
die Nadeln grob gehackt
Meersalzflocken

Den Teig auf eine saubere Arbeitsfläche geben und noch ein paar Minuten weiterkneten.

Den Teig auf ein Blatt Backpapier legen und mit einem Nudelholz zu einem dünnen Rechteck ausrollen. Samt dem Papier auf ein Backblech legen, dann mit Salzflocken und frischem Rosmarin bestreuen.

15 Minuten backen.

Die Scrocchiarella auf dem Blech abkühlen lassen, dann in Stücke brechen. Auf einer Servierplatte anrichten und mit dem Thunfisch-Zwiebel-Dip servieren.

Buon appetito!

GARNELEN MIT PANCETTA

- PORTIONEN -
6

- VORBEREITUNG -
15 Minuten

- GARZEIT -
15 Minuten

Meine Mutter hat diese Garnelen vor ein paar Jahren zum ersten Mal als Vorspeise zu Weihnachten zubereitet, und alle waren begeistert. Dazu ein Glas Aperol Spritz, und fertig ist ein fantastischer *aperitivo*.

24 Riesengarnelen
24 dünne Scheiben Pancetta oder Speck
160 g fertig ausgerollter Blätterteig
1 Ei
2 EL Sesam

Den Ofen auf 180 °C (Umluft) vorheizen und ein Backblech mit Backpapier auslegen.

Die Köpfe und Schalen der Garnelen entfernen, die Schwänze dran lassen. Die Darmfäden mit einem Zahnstocher entfernen.

Die Garnelen unter kaltem Wasser waschen und mit einem Küchentuch abtrocknen.

Jede Garnele in eine Scheibe Pancetta oder Speck einwickeln.

Den Blätterteig in 24 Streifen schneiden (jeder etwa 3 Zentimeter breit), dann einen Teigstreifen um jede mit Pancetta umwickelte Garnele wickeln.

Das Ei in einer Schüssel verquirlen und die Garnelen damit bestreichen.

Die eingewickelten Garnelen auf das vorbereitete Backblech legen und mit Sesam bestreuen.

10–15 Minuten backen, bis sie schön goldbraun sind, dann servieren. *Buon appetito!*

- *Sexy Tipp* -
Du kannst die Garnelen auch in dünne Scheiben *Lardo di Colonnata*, den typisch italienischen weißen Speck wickeln.

BROT OHNE KNETEN

- PORTIONEN -
6–8

- VORBEREITUNG -
10 Minuten + Wartezeit

- GARZEIT -
40 Minuten

In meiner Familie dürfen wir kein Brot backen oder im Supermarkt kaufen. Meine Onkel besitzen eine Bäckerei in meiner Heimatstadt, und nur ihr Brot kommt bei uns auf den Tisch. Nur wenn in den Ferien geschlossen ist, backt Papa sein eigenes Brot zu Hause (natürlich darf er nicht mogeln und das Brot in einer anderen Bäckerei kaufen!) Hier ist sein Rezept. Wer noch nie Brot gebacken hat, sollte es ausprobieren. Es ist einfach zu machen, und man braucht keine besonderen Utensilien oder Fähigkeiten.

500 g Mehl Type 550, plus mehr zum Arbeiten
7 g Trockenhefe
9 g (1 TL) Salz
320 ml lauwarmes Wasser (ca. 50 °C)

Mehl, Hefe und Salz in eine große Schüssel geben und vermengen. Das Wasser nach und nach dazugeben und mit einem Holzlöffel umrühren, bis alles gut vermischt ist. Mit Frischhaltefolie abdecken und 2 ½ Stunden bei Zimmertemperatur ruhen lassen.

Den Teig auf eine bemehlte Fläche geben und mit etwas zusätzlichem Mehl bestreuen. Den Teig mit den Händen mindestens 15 Mal etwas auseinanderdrücken und wieder übereinander falten. Am Schluss in eine runde oder ovale Form bringen.

Den Teig mit einem sauberen Geschirrtuch oder einem Stück Frischhaltefolie abdecken und weitere 20 Minuten ruhen lassen.

In der Zwischenzeit einen Bräter mit Deckel in den kalten Ofen stellen und den Ofen auf 230 °C Umluft vorheizen.

Sobald der Ofen aufgeheizt ist, den heißen Bräter herausnehmen (Vorsicht auf die Finger!), dann ein Blatt Backpapier auf den Boden des Bräters legen. Den Teig in den heißen Bräter geben, den Deckel schließen und alles für 30 Minuten in den Ofen schieben.

Nach dieser Zeit den Deckel abnehmen und das Brot weitere 10 Minuten ohne Deckel backen. Vor dem Servieren etwas abkühlen lassen.

Buon appetito!

- Sexy Tipp -

Wer keinen Bräter hat, kann eine ofenfeste Glasform mit Deckel verwenden oder eine Kuchenform mit Alufolie abdecken.

GEMÜSE-RICOTTA-HAPPEN

- PORTIONEN -
4

- VORBEREITUNG -
10 Minuten

- GARZEIT -
55 Minuten

Ich mache diese Ricotta-Happen immer für Picknicks oder für ein schnelles Mittagessen am Strand. Die Zubereitung ist simpel, und sie schmecken warm oder kalt. Glutenfrei sind sie übrigens auch.

180 g Karotten, gewürfelt
180 g Erbsen
500 g Ricotta
3 Eier
40 g Parmesan, gerieben
120 g Naturjoghurt
60 g Kartoffelstärke
10 g (2 TL) Salz

Den Ofen auf 160 °C Umluft vorheizen und eine quadratische Auflaufform (18 cm) mit Backpapier auslegen.

Wasser in einem Kochtopf zum Kochen bringen. Die Karotten darin 5 Minuten kochen, dann die Erbsen hinzufügen und weitere 5 Minuten kochen. Abgießen und beiseite stellen.

Ricotta, Eier, geriebenen Parmesan, Joghurt, Kartoffelstärke und Salz in eine große Schüssel geben und mit einem Handrührgerät eine Minute lang glatt rühren.

Erbsen und Karotten unterrühren, dann die Masse in die vorbereitete Auflaufform geben.

40–45 Minuten backen, dann die Masse etwas abkühlen lassen und in Stücke schneiden.

Buon appetito!

- *Sexy Tipp* -

Du kannst die Erbsen oder Karotten durch gewürfelten Schinken oder Salami ersetzen.

GNOCCO FRITTO

- PORTIONEN -	- VORBEREITUNG -	- GARZEIT -
6–8	90 Minuten	10 Minuten

Gnocco fritto (oder *torta fritta*) ist ein Klassiker aus der Emilia-Romagna. Er eignet sich hervorragend als Alternative zu Brotscheiben oder Crackern, die sonst zu einer Platte mit Schinken, Salami und Käse serviert werden. Dazu passt – natürlich – ein Glas Rotwein.

160 ml Milch
1 TL Trockenhefe
350 g Mehl Type 550, plus mehr zum Arbeiten
30 g Schmalz, zimmerwarm
1 Prise Salz
1 Liter Oliven- oder Sonnenblumenöl zum Frittieren

Die Milch in einen Becher oder eine Kanne gießen und in der Mikrowelle 30 Sekunden erhitzen, bis sie lauwarm ist. Zusammen mit der Hefe in eine große Schüssel geben. Umrühren und 10 Minuten stehen lassen.

Nach 10 Minuten Mehl, Schmalz und Salz in die Schüssel geben und alles mit einer Gabel zu einem glatten Teig verrühren. Den Teig auf eine saubere Arbeitsfläche geben, mit Mehl bestäuben und 10 Minuten lang von Hand kneten.

Wenn der Teig anfangs zu trocken aussieht, keine Sorge – das ist völlig normal. Knete weiter und dein Teig wird bald ... *super sexy!*

Den Teig zu einer Kugel formen und zurück in die Schüssel geben.

Mit einem sauberen Geschirrtuch abdecken und 1 Stunde bei Zimmertemperatur ruhen lassen.

Die Arbeitsfläche leicht mit Mehl bestäuben und den Teig mit einem Nudelholz zu einer etwa 5 mm dicken Platte ausrollen. Mit einem scharfen Messer oder einem Teigrädchen in 5 cm große Quadrate schneiden.

Das Öl in eine große, tiefe Bratpfanne gießen und auf 170 °C erhitzen. Um zu prüfen, ob das Öl heiß genug ist, einfach den Stiel eines Holzlöffels in das Öl tauchen. Wenn sich Bläschen bilden, kann es losgehen. Die Teigstücke portionsweise ca. 1 Minute auf jeder Seite frittieren, bis sie aufgegangen und goldbraun sind.

Mit einem Schaumlöffel aus der Pfanne nehmen und zum Abtropfen auf einen mit Küchenpapier ausgelegten Teller legen. Warm mit etwas Parmaschinken oder Salami servieren.

Buon appetito!

- Sexy Tipp -

Vegetarier? Dann kannst du das Schmalz durch die gleiche Menge natives Olivenöl extra ersetzen.

KNUSPRIGER KARTOFFELKUCHEN

- PORTIONEN -
6–8

- VORBEREITUNG -
10 Minuten

- GARZEIT -
60–90 Minuten

Dieser unkomplizierte Kartoffelkuchen (*tortel di patate* auf Italienisch) ist eine Vorspeise aus der Region Trentino-Alto Adige in Norditalien. Er passt zu Schinken, Salami oder einer schönen Käseplatte und eignet sich besonders für ein winterliches Menü.

50 g Butter
1,6 kg Kartoffeln, geschält und gerieben
80 ml Wasser
80 ml Milch
Salz
schwarzer Pfeffer, frisch gemahlen

Den Backofen auf 200 °C Umluft vorheizen und ein Backblech mit der Butter einfetten.

Die geriebenen Kartoffeln in einer großen Schüssel mit Wasser und Milch verrühren. Mit Salz und Pfeffer würzen, dann die Kartoffelmasse auf das vorbereitete Backblech geben. Den Kartoffelkuchen auf der untersten Schiene des Ofens (ja, das Blech sollte wirklich ganz unten im Ofen stehen) etwa 1 Stunde bis 1 Stunde und 20 Minuten backen. So lange, bis sich auf der Unterseite eine schöne goldene Kruste gebildet hat – das kann man überprüfen, indem man eine Ecke anhebt. Von Zeit zu Zeit kontrollieren, dass er nicht anbrennt.

Den Kartoffelkuchen nun unter den Backofengrill schieben (er wandert also im Ofen einige Etagen nach oben) und weitere 5–10 Minuten backen, damit die Oberseite schön goldbraun wird.

In Quadrate schneiden und noch warm mit Käse, Salami und Schinken servieren.

Buonissimo!

NARRENSICHERE FOCACCIA

- PORTIONEN -
6

- VORBEREITUNG -
10 Minuten + Wartezeit

- GARZEIT -
40 Minuten

Focaccia ist wohl das berühmteste italienische Brot, und es gibt so viele verschiedene Sorten! In Ligurien ist die Focaccia sehr weich und enthält viel Olivenöl, woanders ist sie hauchdünn und mit Käse gefüllt. In der Stadt Bari gibt man gekochte Kartoffeln in den Teig und belegt die Focaccia mit Oliven und Tomaten. Hier möchte ich mein Familienrezept verraten: Es ähnelt dem ligurischen Brot und schmeckt pur wunderbar. Es kann aber auch mit Salami oder Schinken belegt oder zu einer Wurstplatte serviert werden.

500 g Mehl Type 550, plus mehr zum Arbeiten
7 g Trockenhefe
400 ml lauwarmes Wasser
2 EL natives Olivenöl extra, plus mehr zum Einfetten
9 g (knapp 2 TL) feines Salz

- FÜR DEN BELAG -
3 TL natives Olivenöl extra
Meersalzflocken nach Geschmack
1 kleines Bund Rosmarin (nur die Nadeln)

Mehl und Hefe in einer großen Schüssel vermischen. Das lauwarme Wasser nach und nach zugeben, zwischendurch immer wieder umrühren und ein paar Minuten kneten, bis das Wasser vollständig aufgesogen ist. Olivenöl und Salz zugeben und etwa 3–4 Minuten weiterkneten, bis ein elastischer Teig entstanden ist.

Die Schüssel mit Frischhaltefolie abdecken und den Teig an einem warmen Ort ein paar Stunden ruhen lassen.

Den Backofen auf 190 °C Umluft vorheizen und ein Backblech mit 2 EL Olivenöl einfetten.

Den Teig auf der bemehlten Arbeitsfläche zu einem etwa 28 x 21 Zentimeter großen Fladen formen und auf das Backblech geben. Mit Frischhaltefolie abdecken und noch weitere 20 Minuten gehen lassen.

Die Finger mit etwas Olivenöl einfetten und damit die klassischen tiefen Grübchen in den Focacciateig drücken. Den Teig nochmals 10 Minuten ruhen lassen.

Dann das Olivenöl über den Teig träufeln und die Salzflocken sowie die Rosmarinnadeln darüber streuen.

Etwa 40 Minuten backen, bis die Focaccia schön goldbraun ist. Vor dem Servieren 20 Minuten abkühlen lassen.

Buon appetito!

- *Sexy Tipp* -

Besonders lecker schmeckt die Focaccia, wenn du sie vor dem Backen mit ein paar Zwiebelringen belegst.

MAMMA Mia!

SUPER Sexy!

Wer Kohlenhydrate mag, wird dieses Kapitel lieben! Primi (der erste Gang) ist definitiv der zentrale – und vielleicht der wichtigste – Teil einer klassischen italienischen Mahlzeit. Traditionelle Nudelrezepte haben die italienische Küche in der ganzen Welt berühmt gemacht, aber du wirst hier auch einige Überraschungen finden!

In diesem Kapitel stelle ich einige kultige italienische Saucen vor: Pesto, Bolognese und Marinara. Alle können auf verschiedene Weise verwendet werden. Natürlich passen sie wunderbar zu Pasta, aber wie wäre es mit Pesto auf Bruschetta oder im Salat? Ebenfalls ein heißer Tipp: Marinara als Dip für Pizzabrötchen ... *mamma mia!*

KLASSISCHE CARBONARA

- PORTIONEN -
4

- VORBEREITUNG -
10 Minuten

- GARZEIT -
15 Minuten

Carbonara ist definitiv eines der attraktivsten Gerichte der italienischen Küche. Es ist super einfach zuzubereiten – und nein, es kommt keine Sahne rein! Wusstest du, dass sie von einem römischen Koch zu Ehren der amerikanischen Soldaten erfunden wurde, die Italien im Zweiten Weltkrieg befreit haben?

5 Eigelb
50 g Pecorino, gerieben
150 g Guanciale, in 1 cm lange, schmale Streifen geschnitten
400 g Spaghetti
Salz
schwarzer Pfeffer, frisch gemahlen

Das Eigelb mit dem geriebenen Käse in einer Schüssel verrühren, bis eine glatte Masse entsteht. Beiseite stellen.

Die Guanciale-Streifen in einer Pfanne bei mittlerer Hitze etwa 8–10 Minuten knusprig braten. Aus der Pfanne nehmen und auf einem Teller beiseite stellen. Die Pfanne nicht reinigen.

Salzwasser in einem großen Topf zum Kochen bringen. Die Spaghetti hineingeben und 2–3 Minuten kürzer kochen, als auf der Verpackung angegeben (al dente). Die Spaghetti abgießen, dabei ein paar Schöpfkellen des Nudelwassers aufbewahren. Die Spaghetti in die Pfanne geben, in der die Speckwürfel gebraten wurden.

Eine halbe Kelle des zurückbehaltenen Nudelwassers hinzufügen und bei mittlerer Hitze 90 Sekunden schwenken.

Vom Herd nehmen (das Eigelb soll nicht stocken!) und nun die Käse-Eigelb-Mischung dazugeben. Mit einem Kochlöffel kräftig umrühren, bis eine cremige Sauce entsteht, und bei Bedarf noch etwas Nudelwasser hinzufügen.

Zum Schluss die knusprigen Speckwürfel dazugeben, ein letztes Mal umrühren und die Spaghetti mit gemahlenem Pfeffer und Käse bestreuen. Sofort servieren.

- Sexy Tipp -

Guanciale kannst du durch Pancetta oder Speck ersetzen. Und wenn du keinen Pecorino bekommst, nimm statt dessen Parmigiano oder Grana Padano. Es ist nicht das Originalrezept, aber es ist trotzdem ... *super sexy!*

SOMMERLICHE LASAGNE

- PORTIONEN -
4

- VORBEREITUNG -
15 Minuten

- GARZEIT -
35 Minuten

Diese Lasagne ohne Nudeln ist kinderleicht zuzubereiten: perfekt für ein schnelles Sommeressen! Für die Füllung kannst ruhig Reste aus dem Kühlschrank verwenden. Du könntest zum Beispiel Schinken zwischen die Schichten geben oder etwas Spinat in die Ricotta-Creme rühren ... *super sexy!*

2 große Zucchini
500 g Ricotta
150 g Pesto (siehe Seite 63)
120 g Parmesan, gerieben
200 g Mozzarella, gerieben
1 Schuss natives Olivenöl extra
Salz
schwarzer Pfeffer, frisch gemahlen

Den Backofen auf 180 °C Umluft vorheizen und eine Backform (24 × 12 cm) mit etwas Olivenöl ausstreichen.

Die Enden der Zucchini abschneiden, dann die Zucchini mit einem Sparschäler der Länge nach in 1 mm dünne Scheiben schneiden.

Die Zucchinischeiben auf Küchenpapier legen, um überschüssige Feuchtigkeit aufzunehmen. Beiseite stellen.

Ricotta und Pesto mit 100 Gramm geriebenem Parmesan verrühren. Mit 1 Prise Salz und Pfeffer würzen. Mit dem Pürierstab oder im Mixer etwa 30 Sekunden cremig pürieren.

Eine Lage Zucchinischeiben in die vorbereitete Form legen und mit 3 Esslöffel der Ricotta-Pesto-Mischung bestreichen. Mit 2 Esslöffel geriebenem Mozzarella bestreuen. Diese Schichtung wiederholen, bis alle Zutaten aufgebraucht sind.

Auf die letzte Schicht den restlichen Käse streuen.

Etwa 35 Minuten backen. Aus dem Ofen nehmen und die Lasagne vor dem Servieren 5 Minuten ruhen lassen.

Buon appetito!

- Sexy Tipp -

Da wir rohe Zucchini verwenden, kann es sein, dass die Lasagne beim Backen etwas Feuchtigkeit abgibt. Dann einfach die Form vorsichtig kippen und die überschüssige Flüssigkeit mit einem Löffel abschöpfen.

PENNE ALLA VODKA

- PORTIONEN -	- VORBEREITUNG -	- GARZEIT -
4	5 Minuten	20 Minuten

Penne alla vodka ist ein klassisches Pasta-Rezept aus den 1980er Jahren, und es ist super einfach zu kochen. Traditionell wird diese Sauce mit Penne serviert, aber auch Rigatoni und Spaghetti eignen sich hervorragend.

1 Schuss natives Olivenöl extra
1 Zwiebel, fein gehackt
1 rote Chili, fein gehackt
1 Lorbeerblatt
50 ml Wodka
300 ml Passata
80 ml Creme double
(ersatzweise Mascarpone)
360 g Penne
Salz
schwarzer Pfeffer, frisch gemahlen
1 kleines Bund Petersilie, fein gehackt

Das Olivenöl in einer Bratpfanne auf mittlerer Temperatur erhitzen. Zwiebel, Chili und Lorbeerblatt hinzufügen und ein paar Minuten brutzeln lassen. Den Wodka dazugeben und vollständig verdampfen lassen (das dauert ein paar Minuten), dann die Passata hinzufügen. Mit Salz und Pfeffer würzen und unter gelegentlichem Rühren 15 Minuten einkochen.

Zum Schluss die Creme double zugeben und weitere 5 Minuten kochen lassen.

In der Zwischenzeit Salzwasser in einem großen Topf zum Kochen bringen. Die Nudeln hineingeben und 2–3 Minuten kürzer kochen, als auf der Verpackung angegeben (al dente). Abgießen und ein paar Schöpfkellen des Nudelwassers aufbewahren.

Die Nudeln in die Sauce geben und bei mittlerer Hitze gut durchschwenken, damit sich alle Aromen verbinden. Bei Bedarf etwas Nudelwasser zum Verdünnen unterrühren. Mit Petersilie bestreuen und servieren.

Buon appetito!

- Sexy Tipp -

Noch besser schmeckt die Sauce, wenn man etwas geräucherten Pancetta oder gehackten Knoblauch unterrührt.

RISOTTO MIT PILZEN

- PORTIONEN -	- VORBEREITUNG -	- GARZEIT -
4	30 Minuten	1 Stunde

Risotto ist ein italienischer Klassiker. Wichtig ist, dafür die richtige Reissorte zu verwenden. Am besten eignen sich Arborio und Carnaroli. Sie enthalten mehr Stärke als andere Sorten und machen das Gericht besonders cremig!

1 Schuss Olivenöl
250 g Pilze
2 Knoblauchzehen
320 g Risottoreis
(Carnaroli oder Arborio)
60 ml Weißwein
15 g Butter
50 g Parmesan, gerieben
1 kleines Bund Petersilie, gehackt

- FÜR DIE GEMÜSEBRÜHE -

1,5 Liter kaltes Wasser
1 Selleriestange
1 Karotte, geschält
1 Zwiebel, abgezogen
1 Tomate
1 kleines Bund Petersilie
Salz
schwarzer Pfeffer, frisch gemahlen

Zuerst die Gemüsebrühe zubereiten. Das Wasser mit Sellerie, Karotten, Zwiebeln, Tomaten und Petersilie in einen Topf geben, salzen und pfeffern. Zum Kochen bringen und 30 Minuten köcheln lassen. Durch ein Sieb gießen. Die Brühe zurück in den Topf gießen und heiß halten.

Für den Risotto das Olivenöl in einem Topf (25 cm) erhitzen. Die Pilze in dünne Scheiben schneiden, zusammen mit dem Knoblauch in den Topf geben und 10 Minuten unter gelegentlichem Rühren braten. Den Reis einrühren und ein paar Minuten dünsten, bis er glasig ist.

Mit dem Weißwein ablöschen und 4-5 Minuten rühren, bis die Flüssigkeit aufgesogen ist. Einige Schöpfkellen der heißen Gemüsebrühe dazugeben und umrühren. Der Reis soll vollständig von der Brühe bedeckt sein.

Weiterrühren und jedes Mal, wenn die Flüssigkeit aufgesogen ist, mehr Brühe hinzufügen. Auf diese Weise etwa 16-18 Minuten fortfahren.

Den Topf vom Herd nehmen, die Knoblauchzehen entfernen. Butter, Parmesan und den größten Teil der Petersilie in den Risotto einrühren. Ein letztes Mal umrühren, dann die restliche Petersilie als Garnitur darüber streuen.

KLASSISCHE BOLOGNESE

- PORTIONEN -	- VORBEREITUNG -	- GARZEIT -
4–6	12 Minuten	Mindestens 2 Stunden

Die wohl berühmteste italienische Sauce. Und sie ist erstaunlich einfach zuzubereiten: Das Geheimnis besteht darin, die Sauce sehr langsam köcheln zu lassen, mindestens 2 Stunden. Je mehr Zeit man ihr lässt, desto besser wird sie (man sagt, in manchen Küchen lässt man sie 24 Stunden köcheln). Die fertige Bolognese sollte eher dickflüssig sein, weil das Fleisch den größten Teil des Tomatensafts aufgesogen hat.

1 Schuss natives Olivenöl extra
1 Zwiebel, fein gehackt
1 Selleriestange, fein gehackt
1 Karotte, fein gehackt
100 g Pancetta, in dünne Streifen geschnitten
250 g Schweinehackfleisch
350 g Rinderhackfleisch
50 ml Rotwein
100 ml Milch
400 g Passata
2 EL Tomatenmark
Salz
schwarzer Pfeffer, frisch gemahlen

Das Öl in einem großen Topf auf mittlere Hitze erwärmen. Zwiebel, Sellerie und Karotte hinzufügen. Unter gelegentlichem Rühren etwa 8–10 Minuten dünsten.

Die Pancetta hinzugeben und weitere 5 Minuten garen, bis der Speck glasig wird. Nun das Schweine- und das Rinderhackfleisch hinzugeben und 5 Minuten bräunen, dabei größere Stücke mit dem Kochlöffel zerdrücken. Den Wein einrühren. Wenn er vollständig verdampft ist (nach etwa 3–4 Minuten), die Milch dazugeben. Weitere 10 Minuten köcheln lassen.

Mit Salz und Pfeffer würzen. Passata und Tomatenmark unterrühren. Den Deckel auflegen und die Hitze stark reduzieren. Die Bolognese noch mindestens 1½ Stunden unter gelegentlichem Umrühren köcheln lassen.

Die fertige Bolognese kann für eine Lasagne verwendet werden, schmeckt aber auch toll zu Pasta oder Gnocchi.

Buon appetito!

PAPAS LASAGNE BOLOGNESE

- PORTIONEN -
4–6

- VORBEREITUNG -
20 Minuten

- GARZEIT -
55 Minuten

Mein Vater ist in meiner Familie der Lasagnekönig, darum möchte ich euch sein Rezept nicht vorenthalten. Um sich das Leben einfacher zu machen, empfehle ich, frische Nudelplatten dafür zu verwenden, die man in den meisten gut sortierten Supermärkten bekommt.

300 g frische Lasagneplatten
1 Rezept klassische Bolognese
(Seite 51)
200 g Parmesan, gerieben

- FÜR DIE BÉCHAMELSAUCE -

(ergibt 500 ml)
50 g Butter
50 g Mehl
500 ml Milch
1 Prise Muskatnuss, gerieben
Salz

Den Backofen auf 170 °C Umluft vorheizen.

Zuerst die Béchamelsauce zubereiten. Die Butter in einem Topf bei schwacher bis mittlerer Hitze schmelzen, dann das Mehl nach und nach dazugeben und mit einem Holzlöffel verrühren, bis sich eine Paste bildet. Nun langsam unter ständigem Rühren die Milch hinzufügen – am besten mit einem Schneebesen, um Klümpchen zu vermeiden. Unter ständigem Rühren 8–10 Minuten lang köcheln lassen, bis die Sauce eindickt. Mit Muskatnuss und Salz abschmecken.

Etwas Béchamelsauce auf dem Boden einer ofenfesten Form (30 × 40 Zentimeter) verteilen und eine Schicht frische Lasagneplatten darauf legen. Mit 4 Esslöffel Bolognese bedecken, dann etwas geriebenen Parmesan darüber streuen und mit Béchamelsauce bedecken. Diese Schichtung wiederholen, bis alle Zutaten aufgebraucht sind. Zuletzt alles großzügig mit geriebenem Parmesan bestreuen, damit sich beim Backen eine schöne Kruste bildet.

Mit Alufolie abdecken und etwa 40 Minuten backen, dann die Folie entfernen und weitere 5 Minuten backen ... für die Kruste: *super sexy!*

Die Lasagne aus dem Ofen nehmen und vor dem Servieren 5 Minuten ruhen lassen.

Buon appetito!

PASTINA

- PORTIONEN -	- VORBEREITUNG -	- GARZEIT -
4	5 Minuten	25 Minuten

Ich nenne dieses Gericht gerne »italienisches Penicillin«, denn das geben italienische Eltern ihren Kindern, wenn sie krank sind! Der Name bezieht sich auf die Pastaform: *Pastina* bedeutet »kleine Nudeln«. Ersatzweise können auch Orzo-Nudeln verwendet werden (ich bevorzuge sie sogar). Dies ist ein Wohlfühlgericht für kalte Regentage!

500 g Hühnerbrühe
300 g Orzo-, Pastina oder Risoni-Nudeln
70 g Butter
1 Ei
80 g Parmesan, gerieben
schwarzer Pfeffer, frisch gemahlen

Die Hühnerbrühe in einen Kochtopf geben und zum Kochen bringen. Sobald die Brühe kocht, die Pasta hinzugeben und nach Packungsanweisung garen (meist 10–15 Minuten). Dabei wird die Brühe etwas reduziert.

Vom Herd nehmen, Butter und Ei zugeben und 90 Sekunden lang kräftig rühren, bis die Butter geschmolzen und das Ei vollständig eingearbeitet ist. Zum Schluss den geriebenen Parmesan dazugeben und noch einmal umrühren.

Mit schwarzem Pfeffer bestreuen. Ich verzichte bei diesem Rezept auf Salz, weil sowohl die Brühe als auch der Käse bereits recht salzig sind. Wer möchte, kann die Suppe aber mit etwas Salz würzen.

Buon appetito!

- Sexy Tipp -

Die Butter für etwa 10 Minuten in den Gefrierschrank legen, bevor sie in die Pastina gegeben wird. Durch den Temperaturwechsel zwischen der superkalten Butter und der sehr heißen Pastina wird das Gericht supercremig ... *mamma mia!*

PASTA PASTICCIATA

- **PORTIONEN** -
4

- **VORBEREITUNG** -
15 Minuten

- **GARZEIT** -
50 Minuten

Diese im Ofen gebackenen Nudeln werden Furore machen. Sie sind voller Geschmack und ganz einfach zuzubereiten – perfekt für ein schnelles Sonntagsessen! Dieses Rezept stammt von meiner Mutter, aber du kannst es natürlich abwandeln und Zutaten verwerten, die du im Kühlschrank hast!

1 Schuss Olivenöl
1 kleine Zwiebel, fein gehackt
2 italienische rohe Salsicce enthäutet und gewürfelt
500 g Passata
250 g Béchamelsauce
(siehe Seite 52, halbe Menge)
350 g Rigatoni
200 g Mozzarella, gerieben
60 g Parmesan, gerieben
Salz

Den Backofen auf 180 °C Umluft vorheizen.

Das Olivenöl in einer Bratpfanne bei mittlerer Temperatur erhitzen. Zwiebel und Würstchen zugeben und 3–4 Minuten bei schwacher Hitze braten, bis das Fleisch braun wird. Die Passata dazugeben, mit Salz würzen und 15 Minuten unter gelegentlichem Rühren kochen. Dann die Béchamelsauce einrühren.

Inzwischen Salzwasser in einem großen Topf zum Kochen bringen. Die Nudeln hineingeben und 2–3 Minuten kürzer als auf der Verpackung angegeben kochen (al dente). Abgießen und zusammen mit 150 Gramm Mozzarella und der Hälfte des Parmesans unter die Sauce rühren.

Die Nudeln in eine ofenfeste Form geben und mit dem restlichen Mozzarella und Parmesan bestreuen. Mit Alufolie abdecken und 25–30 Minuten backen. In den letzten 5 Minuten die Folie entfernen, damit eine schöne goldbraune Kruste entsteht.

Buonissimo!

- *Sexy Tipp* -

Wer keine Zeit hat, die Béchamelsauce selbst herzustellen, kann sie im Supermarkt fertig kaufen.

FRISCHE TAGLIATELLE MIT ROTWEIN

- PORTIONEN -	- VORBEREITUNG -	- GARZEIT -
4	20 Minuten + Wartezeit	2 Minuten

Selbst gemachte Nudeln mit Rotwein? Oh ja! Dieses einfache Rezept stammt von meiner Tante Gabriella. Dazu passt eine gute Bolognese (Seite 51) oder eine cremige Käsesauce … *mamma mia!*

400 g Mehl Type 00, plus mehr zum Arbeiten
200 ml Rotwein
Salz

- Sexy Tipp -

Natürlich kannst du deinen Lieblingsrotwein verwenden, aber ich empfehle einen Brunello di Montalcino oder Lambrusco.

Wichtig: Keinesfalls normales Mehl verwenden, dadurch würde sich die Konsistenz der Nudeln total verändern.

Mehl und Rotwein in eine Küchenmaschine geben und rasch zu einem glatten Teig verrühren.

Den Teig auf eine saubere Arbeitsfläche geben und etwa 5–6 Minuten kneten. Der Teig sollte dann ziemlich fest sein und sich nur schwer kneten lassen. Den Teig in Frischhaltefolie wickeln und 30 Minuten bei Zimmertemperatur ruhen lassen.

Nach 30 Minuten den Teig in zwei Hälften teilen und jede Hälfte auf einer leicht bemehlten Fläche etwa 1mm dick ausrollen. Während die erste Hälfte des Teigs verarbeitet wird, die andere Hälfte in Frischhaltefolie einwickeln, damit sie nicht austrocknet. Wenn sich der Teig nicht genügend dehnt, lass ihn noch ein paar Minuten ruhen, damit er sich entspannt und leichter ausrollen lässt.

Den ausgerollten Teig in 5 Millimeter breite Streifen schneiden. Fertig sind die hausgemachten frischen Rotwein-Tagliatelle!

Salzwasser in einem großen Topf zum Kochen bringen. Die Tagliatelle hineingeben und etwa 2 Minuten kochen, dann mit der Lieblingssauce servieren.

Buon appetito!

SELBST GEMACHTE MARINARA

- PORTIONEN -
4–6

- VORBEREITUNG -
10 Minuten

- GARZEIT -
35 Minuten

Marinara ist die vielseitigste aller italienischen Saucen. Man kann sie als Grundlage für andere Rezepte verwenden, als Sauce für Pasta und Pizza oder sogar als Dip. Die Sauce ist kinderleicht zuzubereiten und schmeckt *viel besser* als jedes Fertigprodukt aus dem Glas.

1 Schuss Olivenöl
1 Zwiebel, gewürfelt
4 Knoblauchzehen, abgezogen und fein gehackt
100 ml Weißwein
2 Dosen (à 400 g) geschälte Tomaten
1 Handvoll Petersilie, gehackt
1 Handvoll Basilikum, gehackt
Salz
schwarzer Pfeffer, frisch gemahlen

Das Öl in einer Pfanne auf schwacher bis mittlerer Hitze erwärmen. Die Zwiebel hinzufügen und 3 Minuten anbraten, dann den Knoblauch hinzufügen und 30 Sekunden mitbraten. Mit dem Weißwein ablöschen und einige Minuten kochen lassen, bis der Alkohol vollständig verdampft ist.

Die Tomaten unterrühren und mit dem Kochlöffel zerdrücken. Mit Salz und Pfeffer abschmecken, dann die Petersilie und die Hälfte des Basilikums dazugeben. Einen Deckel auflegen und das Ganze unter gelegentlichem Rühren etwa 30 Minuten köcheln lassen.

Nach 30 Minuten das restliche Basilikum zugeben und noch einmal umrühren. Wer mag, kann die Sauce jetzt 30 Sekunden mit einem Stabmixer pürieren, um sie noch cremiger zu machen.

Fertig ist die selbst gemachte Marinara!

Buon appetito!

- Sexy Tipp -

Für dieses Rezept kannst du deinen Lieblingsweißwein verwenden. Mein absoluter Favorit ist der Ribolla Gialla, aber auch Pinot Grigio oder Vermentino sind gut geeignet.

KLASSISCHES PESTO

- PORTIONEN -
4

- VORBEREITUNG -
8–10 Minuten

Genueser Pesto gilt als der König der italienischen Würzmittel. Traditionell wird es mit Pasta oder Gnocchi serviert, heutzutage wird es auch auf Pizza, in Salaten und sogar auf Fleisch verwendet. Ich bereite mein Pesto in einem traditionellen Marmormörser zu. Wer keinen hat, kann einfach alle Zutaten in eine Küchenmaschine geben und 35–40 Sekunden pürieren.

80 g Basilikumblätter
2 Knoblauchzehen, abgezogen
35 g Pinienkerne
3 g (1/2 TL) Salz
40 g Pecorino, gerieben
40 g Parmesan, gerieben
70 g natives Olivenöl extra

Die Basilikumblätter unter fließendem kaltem Wasser waschen und mit einem sauberen Geschirrtuch vorsichtig trocken tupfen.

Die Knoblauchzehen in einen Marmormörser geben und mit einem Stößel zu einer cremigen Masse zerstoßen.

Die Pinienkerne hinzugeben und mit dem Stößel weiter bearbeiten. Wenn die Paste glatt ist, Basilikum und Salz hinzugeben. Die Blätter mit dem Stößel zerkleinern und mit kreisenden Bewegungen einarbeiten.

Wenn die Konsistenz wieder cremig ist, Pecorino und schließlich den Parmesan hinzufügen. Mit dem Stößel weiterarbeiten, bis sich alle Zutaten verbunden haben und cremig aussehen. Nun langsam das Öl hinzufügen und gut verrühren, bis das Pesto homogen ist.

Buon appetito!

- *Sexy Tipp* -

Wenn du dein Pesto mit einem Mixer herstellst, gib vor dem Pürieren einen Eiswürfel hinein, so wird dein Pesto leuchtend grün!

RICOTTA GNOCCHI

- PORTIONEN -	- VORBEREITUNG -	- GARZEIT -
4	15 Minuten	3–4 Minuten

Wer klassische italienische Gnocchi mag, muss unbedingt diese einfache Version mit Ricotta anstelle von Kartoffeln probieren! Ich serviere diese Gnocchi meist mit geschmolzener Butter, frischem Salbei und geriebenem Käse. Sie passen auch perfekt zu einer einfachen Tomatensauce, einer Käsesauce oder etwas Basilikum-Pesto.

500 g Ricotta
1 Ei
50 g Parmesan, gerieben
1 Prise Muskatnuss, gerieben
300 g Mehl, plus mehr zum Arbeiten
Salz

Ricotta, Ei, geriebenen Käse und Muskatnuss in einer Rührschüssel vermengen. Mit 1 Prise Salz würzen und mit dem Schneebesen 1 Minute glattrühren. Nach und nach das Mehl einarbeiten und alles etwa 2–3 Minuten kneten, bis sich alle Zutaten zu einem glatten Teig verbunden haben.

Den Teig vierteln und jedes Stück zu einer Rolle von etwa 2 Zentimeter Durchmesser formen. Diese Rollen in 1,5 Zentimeter große Stücke schneiden und auf eine leicht bemehlte Fläche oder einen Teller legen. Mit einem sauberen Tuch abdecken, damit sie nicht austrocknen, während die restlichen Gnocchi geformt werden.

Salzwasser in einem Topf zum Kochen bringen. Die Gnocchi in mehreren Portionen 3–4 Minuten kochen, bis sie an der Oberfläche schwimmen, dann mit einem Schaumlöffel herausnehmen und mit Beilagen nach Wahl servieren.

Buon appetito!

- Sexy Tipp -

Den Teig nicht zu lange kneten, sonst werden die Gnocchi hart, und das ist NICHT sexy!

PASTA-ROSEN

- **PORTIONEN** -
4

- **VORBEREITUNG** -
20 Minuten

- **GARZEIT** -
45 Minuten

Wer frische Lasagneplatten einmal anders verwenden möchte, sollte unbedingt diese supereinfachen Pasta-Rosen zubereiten! Dieses traditionelle Gericht aus der Region Emilia-Romagna eignet sich bestens für ein Abendessen mit der Familie und Freunden.

250 g frische Lasagneplatten
500 ml Béchamelsauce (Seite 52)
120 g Parmesan, gerieben
350 g Provolone
400 g rohen Schinken in dünnen Scheiben

Den Backofen auf 180 °C Umluft vorheizen.

Die frischen Lasagneplatten auf einer sauberen Unterlage auslegen.

Jedes Lasagneblatt mit ein paar Löffeln Béchamelsauce bestreichen, dann mit einem Esslöffel geriebenem Parmesan bestreuen. Jeweils eine Scheibe Provolone-Käse und eine Scheibe Schinken darauf legen. Jedes Lasagneblatt aufrollen, dann jede Rolle dritteln.

Den Boden einer ofenfesten Form mit etwas Béchamelsauce bestreichen

Die Lasagne-Rollen mit der Schnittfläche nach oben darauf stellen. Mit der restlichen Béchamelsauce bestreichen und mit dem restlichen Parmesan bestreuen.

Mit Alufolie abdecken und 40–45 Minuten backen, in den letzten 5 Minuten die Folie entfernen, damit die Oberfläche schön knusprig wird.

Buon appetito!

- *Sexy Tipp* -

Getrocknete Lasagneplatten müssen in Salzwasser vorgekocht werden: einige Minuten weniger, als auf der Packung angegeben ist, weil sie im Ofen weitergaren. Abtropfen lassen und auf einem sauberen Geschirrtuch abkühlen, dann mit dem Rezept fortfahren.

KLASSISCHE AMATRICIANA

- PORTIONEN -	- VORBEREITUNG -	- GARZEIT -
4	10 Minuten	40 Minuten

Ich gebe zu, Amatriciana ist mein liebstes Pastagericht. Ich betrachte sie als die ältere Schwester der Carbonara, mit ähnlichen Aromen und genauso verführerisch! Dazu ein Glas guter Rotwein, und man fühlt sich sofort wie mitten in Rom.

150 g Guanciale, in 1 cm große Stücke geschnitten
50 ml Weißwein
500 g Passata
1 kleine rote Chili, gehackt
400 g Bucatini
100 g Pecorino, gerieben
Salz
schwarzer Pfeffer, frisch gemahlen

Die Guancialewürfel in einer Pfanne bei mittlerer Hitze 8–10 Minuten braten, bis sie schön knusprig sind. Den Weißwein dazugeben und 3–4 Minuten verdampfen lassen, dann den knusprigen Guanciale aus der Pfanne nehmen (die Pfanne auf dem Herd lassen) und auf einem Teller beiseite stellen.

Passata und Chili in die Pfanne geben. Mit Salz und Pfeffer würzen, auf schwache bis mittlere Hitze herunterschalten und die Mischung unter gelegentlichem Rühren 20 Minuten kochen. Danach den knusprigen Guanciale wieder in die Pfanne geben.

Salzwasser in einem großen Topf zum Kochen bringen. Die Bucatini hineingeben und 2–3 Minuten kürzer kochen, als auf der Verpackung angegeben (al dente). Abgießen und ein paar Schöpflöffel des Nudelwassers aufbewahren.

Die abgetropften Bucatini in die Sauce geben. Ein paar Minuten lang gut durchschwenken, damit sich alle Aromen verbinden, und bei Bedarf etwas Nudelwasser unterrühren.

Vom Herd nehmen, den Käse dazugeben und gut umrühren. Auf vorgewärmten Tellern servieren und nach Wunsch etwas Pecorino oder Parmesan darüberreiben.

Buon appetito!

SPAGHETTI FRITTATA

- PORTIONEN -
6

- VORBEREITUNG -
10 Minuten

- GARZEIT -
30 Minuten

Dieses traditionelle neapolitanische Rezept wurde ursprünglich erfunden, um übrig gebliebene Nudeln (und andere Reste aus dem Kühlschrank) zu verwerten. Dies ist meine persönliche Lieblingsvariante – perfekt für ein Picknick oder zum Mitnehmen ins Büro. Die Frittata kann in der Mikrowelle aufgewärmt werden, schmeckt aber auch kalt.

400 g Spaghetti
Olivenöl zum Beträufeln
250 g Pancetta, gewürfelt
6 mittelgroße Eier
100 g Parmesan, gerieben
150 g geräucherter Provolone, gewürfelt
100 g Mozzarella, gerieben
Salz
schwarzer Pfeffer, frisch gemahlen

Salzwasser in einem großen Topf zum Kochen bringen. Die Spaghetti hineingeben und 2–3 Minuten kürzer kochen, als auf der Verpackung angegeben (al dente). Abgießen, dann in eine Schüssel geben und mit einem Schuss Olivenöl mischen, damit sie nicht zusammenkleben.

In der Zwischenzeit die Pancetta-Würfel in einer beschichteten Pfanne (25 Zentimeter) bei mittlerer Hitze 6–7 Minuten goldbraun braten.

Die Eier in einer Schüssel verquirlen. Parmesan, Provolone und Mozzarella sowie den gebratenen Speck dazugeben. Mit schwarzem Pfeffer würzen, dann die abgetropften Spaghetti dazugeben und alle Zutaten miteinander vermengen.

Einen Schuss Olivenöl in die Pfanne geben, in der der Speck gebraten wurde. Die Spaghettimischung hineingeben, gleichmäßig in der Pfanne verteilen und mit dem Kochlöffel leicht andrücken. Einen Deckel auflegen und 6–7 Minuten braten, bis die Eier gestockt sind und die Unterseite der Frittata goldbraun ist.

Jetzt wird die andere Seite gebraten. Dafür einen Teller, der größer als die Pfanne ist, kopfüber auf die Pfanne legen und Pfanne und Teller zusammen in einer zügigen Bewegung umdrehen, um die Frittata auf den Teller stürzen.

Die Frittata vom Teller in die Pfanne gleiten lassen und nochmals 4–5 Minuten braten, bis auch die andere Seite gebräunt ist.

Die Frittata auf einen großen Servierteller legen und wie eine Torte in Stücke schneiden.

Buonissimo!

CRESPELLE MIT SPINAT & RICOTTA

- PORTIONEN -	- VORBEREITUNG -	- GARZEIT -
4–6	15 Minuten	1 Stunde

Crespelle sind die italienische Antwort auf französische Crêpes. Meist werden sie mit Gemüse gefüllt und mit viel weißer Sauce und Käse serviert. Wie Lasagne und Nudelaufläufe sind sie ein klassisches Sonntagsgericht. Man kann sie am Vortag vorbereiten und bis zum Backen in den Kühlschrank stellen.

2 Eier
125 g Mehl
300 ml Milch
1 Schuss natives Olivenöl extra

- FÜR DIE FÜLLUNG -

1 Schuss natives Olivenöl extra
600 g frischer Spinat
150 g Ricotta
80 g Parmesan, gerieben
500 ml Béchamelsauce (Seite 52)
Salz

Für die *crespelle* die Eier in eine Schüssel schlagen, dann Mehl und Milch zugeben. Alles mit einem Schneebesen zu einem glatten Teig verrühren.

Das Olivenöl in einer beschichteten Pfanne (etwa 16 Zentimeter Durchmesser) erhitzen. Eine Kelle Teig in die Pfanne geben und die Pfanne schwenken, um ihn auf dem ganzen Boden zu verteilen. 2–3 Minuten backen, bis die Ränder hellbraun werden. Die *crespelle* wenden, dann die andere Seite 1 Minute braten. Auf einen Teller legen. Aus dem restlichen Teig weitere Pfannkuchen braten.

Den Backofen auf 180 °C Umluft vorheizen.

Für die Füllung einen Schuss Olivenöl in einer großen Pfanne Hitze erhitzen. Den Spinat hineingeben, mit 1 Prise Salz würzen und 10 Minuten dünsten, bis er komplett zusammengefallen ist. Abkühlen lassen.

Den Ricotta in eine große Schüssel geben. 60 Gramm Parmesan und den abgekühlten Spinat hinzufügen und alles mit einer Gabel gut verrühren.

Auf die Hälfte einer *crespelle* etwas von der Spinat-Ricotta-Füllung geben, die andere Hälfte darüber klappen und die Ränder gut zufalten, damit keine Füllung herausquillt. Die restlichen Pfannkuchen ebenso füllen.

4 EL Béchamelsauce auf dem Boden einer ofenfesten Form (etwa 20 × 30 Zentimeter) verteilen. Die gefüllten *crespelle* darauf legen und die restliche Béchamelsauce darüber geben. Mit dem restlichen Parmesan bestreuen.

10 Minuten backen, bis die Oberseiten der *crespelle* leicht gebräunt sind.

Buon appetito!

- Sexy Tipp -

Die *crespelle* schmecken auch mit anderen Füllungen, zum Beispiel Ricotta und Räucherlachs oder Pilze und Scamorza ... *mamma mia!*

PASTA ALLA ZOZZONA

- PORTIONEN -
4

- VORBEREITUNG -
10 Minuten

- GARZEIT -
30 Minuten

Pasta alla zozzona bedeutet »schmutzige Nudeln«. Das Gericht stammt aus Rom und ist so wunderbar cremig, dass es mich immer wieder aufheitert. Vielleicht sollte es besser »Gute-Laune-Nudeln« heißen.

1 Schuss Olivenöl
250 g rohe Salsiccia, enthäutet und in Stückchen zerteilt
150 g Guanciale, in 1 cm große Stücke geschnitten
400 g Kirschtomaten, halbiert
5 Eigelb
50 g Parmesan, gerieben, plus mehr zum Servieren
360 g Rigatoni
Salz

Das Olivenöl in einer Bratpfanne erhitzen. Salsiccia und Guanciale zugeben und unter gelegentlichem Rühren etwa 15 Minuten braten, bis sie gebräunt sind. Die Tomaten in die Pfanne geben, einen Deckel auflegen und alles etwa 10 Minuten unter gelegentlichem Rühren garen.

In der Zwischenzeit die Eigelbe und den geriebenen Käse in einer kleinen Schüssel mit einer Gabel zu einer Creme verrühren.

Während die Wurstmischung gart, Salzwasser in einem großen Topf zum Kochen bringen. Die Nudeln hineingeben und 2–3 Minuten kürzer kochen als auf der Verpackung angegeben (al dente). Abgießen und ein paar Schöpflöffel des Nudelwassers aufbewahren.

Die Nudeln in die Pfanne mit der Wurstmischung geben. 90 Sekunden gut schwenken, damit sich alle Aromen verbinden. Vom Herd nehmen, die Käse-Ei-Mischung dazugeben und kräftig rühren, bis sie vollständig eingearbeitet ist. Bei Bedarf etwas Nudelwasser zum Verdünnen hinzufügen.

Mit geriebenem Parmesan bestreuen und servieren.

Buon appetito!

- *Sexy Tipp* -
Statt Guanciale kannst du Bacon oder durchwachsenen Speck verwenden.

WINTERLICHE TOMATENSUPPE

- PORTIONEN -
4–6

- VORBEREITUNG -
10 Minuten

- GARZEIT -
50 Minuten

Dies ist eine wunderbare Suppe für kalte Wintertage. Ich serviere sie am liebsten mit einem Klecks Mozzarellacreme ... *mamma mia!*

1 kg Tomaten, halbiert
1 große Zwiebel, abgezogen und halbiert
1 Knolle Knoblauch, quer halbiert
1 Schuss natives Olivenöl extra
Blätter von einem kleinen Bund Basilikum
250 ml Wasser
100 ml Schlagsahne
Salz
schwarzer Pfeffer, frisch gemahlen

- FÜR DIE MOZZARELLACREME -

200 g Mozzarella
30 ml Schlagsahne

- *Sexy Tipp* -

Due kannst die Suppe auch mit roter Paprika statt mit Tomaten zubereiten und für die Sahne Burrata anstelle von Mozzarella verwenden.

Den Backofen auf 200 °C Umluft vorheizen und ein Backblech mit Backpapier auslegen.

Tomaten, Zwiebeln und Knoblauch auf dem vorbereiteten Blech verteilen und großzügig mit Olivenöl beträufeln. Mit Salz und Pfeffer würzen und das Gemüse 40–45 Minuten rösten.

Aus dem Ofen nehmen und die gerösteten Tomaten und Zwiebelhälften in einen Mixer geben. Die Knoblauchzehen aus der Schale pressen und zusammen mit dem Basilikum ebenfalls in den Mixer geben. Alles zu einer glatten Masse pürieren.

Die Mischung in einen großen Topf geben und auf kleiner bis mittlerer Flamme erhitzen. Wasser und Sahne zugeben, dann mit Salz abschmecken. Die Suppe ein paar Minuten kochen lassen.

In der Zwischenzeit die Mozzarellacreme zubereiten. Mozzarella und Sahne in einen Mixer geben und mit einer Prise Salz würzen. Alles 1 Minute pürieren.

Die Tomatensuppe mit einem Klecks Mozzarellacreme garnieren und mit einer Scheibe getoastetem Brot servieren.

Buon appetito!

KARTOFFELRAVIOLI MIT KÄSEFÜLLUNG

- PORTIONEN -
4

- VORBEREITUNG -
30 Minuten

- GARZEIT -
40 Minuten

Diese einfachen Kartoffelravioli kommen bei uns zu Hause oft auf den Tisch. Wir essen sie gern zu besonderen Anlässen, aber sie sind so einfach zuzubereiten, dass wir sie manchmal auch unter der Woche genießen. Der Teig ist derselbe wie für klassische Kartoffelgnocchi, man kann also dieses Rezept auch für traditionelle Gnocchi verwenden.

150 g Parmaschinken, kleingeschnitten
80 g Butter
Salz
schwarzer Pfeffer, frisch gemahlen
50 g Parmesan, gerieben

- FÜR DEN TEIG -

1 kg Kartoffeln, geschält und in große Stücke geschnitten
300 g Mehl, plus mehr zum Arbeiten
1 mittelgroßes Ei

- FÜR DIE FÜLLUNG -

150 g Gorgonzola

Für den Teig Salzwasser in einem großen Topf zum Kochen bringen, die Kartoffeln hineingeben und 20–25 Minuten kochen, bis sie weich sind. Abgießen und in eine große Schüssel geben, dann mit einem Kartoffelstampfer zerdrücken. Vollständig auskühlen lassen.

Nach dem Abkühlen Mehl und Ei zu den Kartoffeln geben. Mit einer Prise Salz würzen und etwa 3–4 Minuten kneten, bis sich alle Zutaten zu einem glatten Teig verbunden haben.

Den Teig mit einem Nudelholz auf einer bemehlten Fläche 5 mm dick ausrollen. Bei Bedarf mit etwas mehr Mehl bestreuen.

Mit einem Glas oder einem runden Ausstecher (6 cm Durchmesser) etwa 30 Kreise aus dem Teig ausstechen, dabei die Teigreste immer wieder zusammenkneten und neu ausrollen.

Jeden Kreis mit einem halben Teelöffel Gorgonzola füllen, dann zu einem Halbmond falten und die Ränder mit den Fingern oder den Zinken einer Gabel leicht zusammendrücken, damit sich die Ravioli beim Kochen nicht öffnen.

- Sexy Tipp -

Bei der Zubereitung des Teigs ist es sehr wichtig, dass die Kartoffeln vollständig erkalten, bevor das Mehl hinzugefügt wird. Wenn sie noch warm sind, ist mehr Mehl erforderlich. Das führt dazu, dass der Teig beim Kochen der Ravioli sehr hart wird. Ein weiteres Geheimnis ist, den Kartoffelteig gerade so lange zu kneten, bis sich alle Zutaten verbunden haben.

Salzwasser in einem großen Topf zum Kochen bringen und die Ravioli 4–5 Minuten kochen, bis sie an der Oberfläche schwimmen.

In der Zwischenzeit den Parmaschinken in einer großen Bratpfanne bei mittlerer Hitze etwa 5 Minuten knusprig braten. Auf einen Teller geben, dann die Butter in der Pfanne schmelzen und mit schwarzem Pfeffer würzen. Die abgetropften Ravioli hinzugeben und eine Minute lang schwenken.

Mit Parmesan und dem knusprigen Parmaschinken bestreuen und servieren.

Buon appetito!

BLITZNUDELN MIT SPINATPESTO

- PORTIONEN -
2

- VORBEREITUNG -
10 Minuten

- GARZEIT -
5 Minuten

Wenn das Abendessen in 15 Minuten auf dem Tisch stehen soll, empfehle ich meine unkomplizierten Blitznudeln. Du brauchst nur zwei Zutaten: Mehl und Spinat, außerdem eine Küchenmaschine und eine Schere! Wer Kinder hat, kann ihnen mit diesem Gericht etwas mehr Gemüse unterjubeln.

- FÜR DEN TEIG -

150 g Mehl
130 g frischer Spinat

- FÜR DAS PESTO -

30 g Cashewnüsse
1 Knoblauchzehe
50 g Parmesan
150 g frischer Spinat
50 g Basilikumblätter
50 ml natives Olivenöl extra
1 Prise Salz

Für den Nudelteig Mehl und Spinat in einen Mixer geben. 35–40 Sekunden pürieren, oder bis sich ein Teig bildet. Es ist in Ordnung, wenn der Teig etwas klebrig ist – kein zusätzliches Mehl hinzufügen, sonst werden die frischen Nudeln beim Kochen hart. Den Teig zu einer etwa 4 Zentimeter dicken Platte ausrollen.

Salzwasser in einem großen Topf zum Kochen bringen, die Teigscheibe über das kochende Wasser halten und mit einer Küchenschere etwa 3 cm lange Stücke abschneiden, die ins Wasser fallen. 4–5 Minuten kochen, bis die Stücke an der Oberfläche schwimmen. Abgießen und einen Teil des Kochwassers aufbewahren.

Inzwischen für das Pesto alle Zutaten in einem Mixer 30–40 Sekunden pürieren, bis die Sauce glatt ist. In eine große Schüssel geben.

Die abgetropften Nudeln in die Schüssel geben und umrühren, um sie mit dem Pesto zu überziehen. Falls nötig, noch etwas Nudelwasser hinzufügen. Mit etwas geriebenem Parmesan garnieren und servieren.

Buon appetito!

GEBACKENE RICOTTA-BÄLLCHEN

- PORTIONEN -
6

- VORBEREITUNG -
20 Minuten

- GARZEIT -
50 Minuten

Als ich ein Kind war, hat meine Mutter diese super-käsigen Ricotta-Bällchen oft Sonntags aufgetischt. Für die Füllung kannst du dein Lieblingsgemüse verwenden. Ich habe mich hier für Spinat entschieden, aber auch Kürbis oder Zucchini eignen sich hervorragend!

20 g Butter
50 g Paniermehl,
plus 2 EL für die Form
1 Schuss natives Olivenöl extra
800 g frischer Spinat
500 g Ricotta
2 Eier
40 g Parmesan, gerieben,
plus 3 EL zum Bestreuen
1 Prise Muskatnuss, gerieben
100 g Mehl
250 g Provolone in Scheiben
500 ml Béchamelsauce (Seite 52)
Salz
schwarzer Pfeffer, frisch gemahlen

Den Backofen auf 180 °C Umluft vorheizen. Eine ofenfeste Form (etwa 20 × 30 cm) mit Butter einfetten und mit 2 Esslöffeln Paniermehl bestreuen. Beiseite stellen.

Das Olivenöl in einer großen Pfanne erhitzen. Den gewaschenen, tropfnassen Spinat hineingeben und mit einer Prise Salz würzen, dann 10 Minuten dünsten, bis er zusammengefallen ist. Vollständig erkalten lassen, dann hacken.

Den Ricotta in eine Schüssel geben und mit einer Gabel auflockern. Den gehackten Spinat zusammen mit den Eiern, 40 g Parmesan und Muskatnuss dazugeben. Mit Salz und Pfeffer würzen und gut verrühren. 50 Gramm Paniermehl dazugeben und erneut verrühren.

Aus der Masse etwa 30 Kugeln à 40 Gramm formen. Das Mehl in eine flache Schüssel kippen und die Ricottakugeln darin wälzen. In die vorbereitete Form legen.

Die Provolone-Scheiben auf den Ricottakugeln verteilen, dann die Béchamelsauce darüber gießen. Mit den restlichen 3 Esslöffeln Parmesan bestreuen, mit Alufolie abdecken und 40 Minuten im Ofen backen. 10 Minuten vor Ende der Backzeit die Folie entfernen, damit sich eine schöne Kruste bilden kann.

LINGUINE MIT ZITRONENPESTO

- PORTIONEN -
4

- VORBEREITUNG -
10 Minuten + Einweichzeit

- GARZEIT -
10 Minuten

Zitronenpesto habe ich zum ersten Mal vor fünf Jahren in einem Urlaub an der Amalfiküste probiert. Ich war sofort begeistert. Es ergibt mit Pasta ein schnelles Sommermittagessen, und man kann es auch auf geröstetes Brot streichen oder mit etwas Burrata auf einer köstlichen Bruschetta servieren.

50 g Cashewnüsse
abgeriebene Schale von 1 Zitrone
Saft von 2 Zitronen
1 kleines Bund Petersilie
6 Basilikumblätter
1 Knoblauchzehe, abgezogen
40 g Parmesan, gerieben
80 ml natives Olivenöl extra
360 g Linguine
Salz
schwarzer Pfeffer, frisch gemahlen

Die Cashewnüsse in eine Schüssel geben und mit zimmerwarmem Wasser bedecken. 1 Stunde einweichen, dann abtropfen lassen.

Die abgetropften Cashewkerne zusammen mit Zitronenschale und -saft, Petersilie, Basilikum, Knoblauch, Parmesan und Olivenöl in einen Mixer geben. Salz und Pfeffer hinzufügen und alles zu einer cremigen Masse pürieren.

Salzwasser in einem großen Topf zum Kochen bringen. Die Linguine hineingeben und nach Packungsanweisung kochen. Abgießen und ein paar Schöpflöffel des Nudelwassers aufbewahren.

Die Linguine in einer großen Schüssel mit dem Zitronenpesto vermischen und bei Bedarf einen Schuss Nudelwasser hinzufügen.

Buon appetito!

- Sexy Tipp -

Wer Lust auf Abwechslung hat, mischt Pasta und Zitronenpesto mit hochwertigem Thunfisch aus der Dose oder legt Burrata auf die Linguine mit Zitronenpesto.

SECONDI

SECONDI

SECONDI

SECONDI

SECONDI

SECONDI

MAMMA Mia!

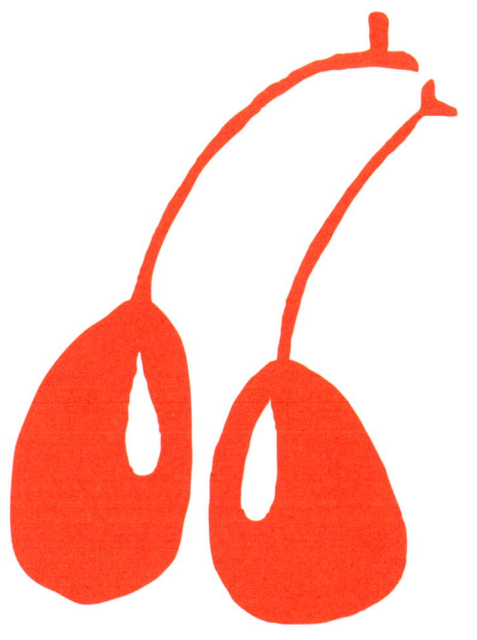

Die italienische Küche besteht nicht nur aus Pasta. In diesem Kapitel präsentiere ich Rezepte, von denen du manche vielleicht noch gar nicht kennst. Secondi (der zweite Gang) bestehen normalerweise aus Fleisch-, Fisch- und Gemüsegerichten, die wir in Italien als Hauptmahlzeit servieren. In diesem Kapitel stelle ich euch auch meine supereinfache selbst gemachte Pizza vor, die ganz ohne besonder Backkünste gelingt.

Einige dieser Rezepte habe ich seit meiner Kindheit ins Herz geschlossen, deshalb freue ich mich besonders, sie hier vorzustellen.
Dieses Kapitel ist aber auch eine kulinarische Reise durch ganz Italien. Es gibt Rezepte aus dem Norden (Frico auf Seite 98), aus der Mitte (Kalbskotelett Bolognese auf Seite 105) und aus dem tiefen Süden (Sizilianischer Kabeljau auf Seite 115). Lasst es euch schmecken!

ZITRONENSCHNITZEL MIT KÄSE

- PORTIONEN -
4

- VORBEREITUNG -
10 Minuten

- GARZEIT -
15 Minuten

Diese Zitronenschnitzel bereite ich zu, wenn ich Lust auf etwas Besonderes habe – aber wenig Zeit zum Kochen. Wer Gäste beeindrucken will, kann den Zitronensaft durch Marsala ersetzen.

2 Hähnchenbrüste ohne Haut und Knochen
50 g Mehl
50 g Butter
50 ml Zitronensaft
Salz
schwarzer Pfeffer, frisch gemahlen
50 g Provolone in Scheiben (oder Mozzarella)
Zitronenscheiben zum Garnieren

Die Hähnchenbrüste quer halbieren, um 4 flache Steaks zu erhalten. Jedes Steak in einen Gefrierbeutel stecken und mit einem Nudelholz auf 6 Millimeter Stärke flachklopfen. Die Steaks anschließend mit etwas Mehl bestäuben und zur Seite stellen.

Die Butter in einer Bratpfanne zerlassen. Nach ein paar Minuten, wenn die Pfanne heiß ist und die Butter brutzelt, die Hähnchensteaks hineingeben und ein paar Minuten auf jeder Seite braten.

Auf mittlere bis schwache Hitze herunterschalten, den Zitronensaft über das Fleisch gießen und mit Salz und Pfeffer würzen. Weitere 5 Minuten auf jeder Seite braten, bis das Fleisch gar ist. (Prüfe vor dem Verzehr immer, ob Hähnchenfleisch vollständig durchgebraten ist, und bedenke, dass die Garzeit je nach Dicke der Hähnchensteaks variieren kann).

Vom Herd nehmen und die Käsescheiben auf das Fleisch legen. Den Deckel auf die Pfanne legen und den Käse in der Resthitze ein paar Minuten schmelzen lassen. Mit etwas Pfeffer bestreuen und mit Zitronenscheiben garnieren.

- *Sexy Tipp* -

Zu den zitronigen *scaloppine* passen frischer Rucola und Kirschtomaten.

PIZZA IN TEGLIA

- PORTIONEN -
4-6

- VORBEREITUNG -
10 Minuten + Wartezeit

- GARZEIT -
30 Minuten

Wer noch nie Pizza gebacken hat, muss unbedingt dieses supereinfache Rezept ausprobieren! Es ist wirklich narrensicher. Du brauchst keine besonderen Geräte und hast wahrscheinlich alle Zutaten im Haus. In Italien wird diese Art von Pizza in Bäckereien verkauft. Ich backe sie gern für ein Abendessen mit Freunden. Dies ist das Rezept für eine klassische Pizza Margherita, aber du kannst sie nach Lust und Laune belegen. Sei kreativ! Nur Ananas ist in Italien ein No-Go.

- FÜR DEN TEIG -

500 g Mehl
7 g Trockenhefe
10 g (2 TL) Zucker
400 ml lauwarmes Wasser
50 ml natives Olivenöl extra, plus mehr zum Einfetten
10 g (2 TL) Salz

- FÜR DIE SAUCE -

400 g Passata
getrockneter Oregano nach Geschmack
1 Schuss natives Olivenöl extra

Für den Teig Mehl, Hefe und Zucker in einer großen Schüssel mischen. Die Hälfte des Wassers und die Hälfte des Olivenöls hinzugeben und rühren, bis sich alle Zutaten verbunden haben. Salz hinzugeben, dann das restliche Wasser und Olivenöl. Ein paar Minuten kneten, bis ein glatter und klebriger Teig entstanden ist.

Die Schüssel mit Frischhaltefolie abdecken und den Teig an einem warmen Ort ein paar Stunden ruhen lassen, bis sich sein Volumen verdoppelt hat.

Den Backofen auf 200 °C Umluft vorheizen.

Ein Backblech großzügig mit Olivenöl einpinseln.

Den klebrigen Pizzateig darauf legen und vorsichtig mit den Händen ausziehen, bis er das Blech komplett bedeckt.

Salz
schwarzer Pfeffer, frisch gemahlen

– FÜR DEN BELAG –

300 g Mozzarella, gerieben
Blätter von einem kleinen Bund Basilikum

Für die Sauce Passata, Oregano und Olivenöl in einer Schüssel verrühren. Mit Salz und Pfeffer würzen, umrühren und auf den Teig geben. Mit Hilfe eines Löffels gleichmäßig verteilen und die Pizza 10 Minuten ruhen lassen.

Die Pizza etwa 25 Minuten backen, dann aus dem Ofen nehmen. Den Mozzarella darüber streuen und weitere 5 Minuten backen. Die Pizza mit einigen frischen Basilikumblättern garnieren und servieren.

Buon appetito!

GEFÜLLTE ZUCCHINI

- PORTIONEN -	- VORBEREITUNG -	- GARZEIT -
4	15 Minuten	1 Stunde

Meine Tante Maria macht die besten gefüllten Zucchini der Welt, und dies ist ihr Geheimrezept. Sie sind, mit einem schönen Salat als Beilage, ein perfektes Hauptgericht. Wer variieren will, kann etwas Thunfisch zur Ricotta-Füllung geben ... *mamma mia!*

6 mittelgroße Zucchini
1 Schuss natives Olivenöl extra
1 Knoblauchzehe, abgezogen und gehackt
Salz
schwarzer Pfeffer, frisch gemahlen
200 g Ricotta
1 Ei
80 g Paniermehl
1 kleines Bund Petersilie
100 g Parmesan, gerieben
50 g Mozzarella, gerieben

Den Backofen auf 180 °C Umluft vorheizen und ein Backblech mit Backpapier auslegen.

Die Zucchini der Länge nach halbieren und das Fruchtfleisch mit einem Löffel auskratzen. Die ausgehöhlten Zucchini auf das vorbereitete Blech legen und großzügig mit Salz bestreuen. Beiseite stellen.

Das ausgeschabte Zucchinifleisch fein hacken. Das Öl in einer Pfanne erhitzen. Zucchinifleisch und Knoblauch hineingeben. Mit Salz und Pfeffer würzen und unter gelegentlichem Rühren 15 Minuten braten.

Das gegarte Zucchinifleisch in eine Küchenmaschine geben. Ricotta, Ei, Paniermehl und Petersilie sowie 80 Gramm Parmesan dazugeben und alles 30 Sekunden cremig aufschlagen.

In der Zwischenzeit die ausgetretene Flüssigkeit der ausgehöhlten Zucchinis mit Küchenpapier abtupfen.

Die Zucchini-Ricotta-Füllung in die Zucchinischalen füllen, mit dem restlichen Parmesan bestreuen und 35–40 Minuten backen. Den geriebenen Mozzarella darüber streuen und weitere 10 Minuten backen, bis der Käse vollständig geschmolzen ist.

Buon appetito!

SIZILIANISCHE ARANCINI

- PORTIONEN -
6

- VORBEREITUNG -
30 Minuten

- GARZEIT -
25 Minuten

Arancini (oder *Arancine* – über die richtige Schreibweise streiten sich die Gelehrten) sind sizilianische Reisbällchen, die traditionell mit Fleischragout, Erbsen und Käse gefüllt werden. Hier zeige ich eine besonders einfache Füllung aus der Stadt Palermo: Béchamelsauce, Schinken und Käse! Für eine vegetarische Alternative kannst du den Schinken einfach durch gekochten Spinat oder Pilze ersetzen.

6 g (1 TL) Salz
250 g Risotto-Reis
1 TL Safran
15 g Butter
50 g Parmesan, gerieben
2 l Sonnenblumenöl zum Frittieren

- FÜR DIE FÜLLUNG -

250 ml Béchamelsauce
(siehe Seite 52, halbe Menge)
80 g gekochter Schinken, fein gehackt
50 g Mozzarella oder Provolone, gerieben

600 Milliliter Wasser in einen Topf geben, salzen und zum Kochen bringen. Den Reis hineingeben und zugedeckt etwa 15 Minuten bissfest kochen.

In der Zwischenzeit den Safran in ein paar Esslöffeln heißem Wasser einweichen und beiseite stellen.

Sobald der Reis gar ist, sollte er das gesamte Wasser aufgesogen haben. Andernfalls das überschüssige Wasser abgießen. Den Topf vom Herd nehmen. Safran samt Einweichwasser, Butter und Parmesan zum Reis geben. Alle Zutaten miteinander vermischen, dann den Reis auf einem Backblech gleichmäßig ausbreiten. Mit Frischhaltefolie abdecken und vollständig auskühlen lassen.

Die Béchamelsauce in einer Schüssel mit Schinken und Käse vermischen. Zur Seite stellen.

Die Hände mit etwas zimmerwarmem Wasser leicht anfeuchten (damit der Reis bei der Arbeit nicht an den Händen klebt). Ein Sechstel der Reismenge abnehmen und in einer Handfläche flach drücken. ½ Esslöffel der Käse-Schinken-Mischung in die

- TEIG ZUM EINTAUCHEN -

50 g Mehl
1 Prise Salz
100 g Paniermehl

Mitte geben, dann den Reis darum wickeln und zu einer Kugel von etwa 8 Zentimeter Durchmesser formen. Beiseite stellen. Den restlichen Reis ebenso verarbeiten.

Für den Teig das Mehl, 100 Milliliter Wasser und Salz mit einem Schneebesen glattrühren. Das Paniermehl auf einen kleinen Teller streuen. Jedes Reisbällchen in den Teig tauchen, abtropfen lassen, dann im Paniermehl wälzen. Beiseite stellen.

Das Öl in eine tiefe Bratpfanne gießen und auf 170 °C erhitzen. Um zu prüfen, ob das Öl heiß genug ist, einfach den Stiel eines Holzlöffels hineintauchen. Wenn sich Bläschen bilden, kann es losgehen. Die Arancini etwa 7–8 Minuten frittieren, bis sie goldbraun sind. Warm servieren.

Buon appetito!

FRICO

- PORTIONEN -	- VORBEREITUNG -	- GARZEIT -
4	20 Minuten	50 Minuten

Frico ist ein typisches Gericht aus meiner Heimat, wo es bei Stadtfesten meist mit gebratener Polenta oder Pommes frites serviert wird. Es ist das beste Wohlfühlessen überhaupt, vergleichbar mit einem Käse-Kartoffel-Pfannkuchen. Traditionell wird *Frico* mit Montasio-Käse zubereitet, aber ersatzweise tut es auch ein guter Cheddar oder Bergkäse.

1 Schuss Olivenöl
1 große weiße Zwiebel, in dünne Ringe geschnitten
Salz
schwarzer Pfeffer, frisch gemahlen
500 g Kartoffeln, geschält und grob geraspelt
250 g milder Montasio (oder milder Cheddar), gewürfelt
250 g reifer Montasio (oder reifer Cheddar), gewürfelt

Das Olivenöl in einer beschichteten Pfanne erhitzen. Die Zwiebel hinzufügen und mit Salz und Pfeffer würzen. Umrühren, dann einen Deckel auflegen und die Zwiebel 10 Minuten weich dünsten.

Die geraspelten Kartoffeln zufügen, dann wieder abdecken und weitere 15–20 Minuten unter gelegentlichem Rühren garen, bis eine klebrige, gleichmäßige Masse entstanden ist.

Beide Käsesorten unterrühren und alles weitere 8–10 Minuten garen, bis der Käse geschmolzen und gut eingezogen ist.

Die Masse muss den Pfannenboden gleichmäßig bedecken. Um zu prüfen, ob die untere Kruste durchgebacken ist, den Pfannkuchen mit einem Kochlöffel leicht anheben. Die Kruste soll hell goldbraun sein.

Um den Frico zu wenden, einen Teller, der größer als die Pfanne ist, kopfüber auf die Pfanne legen und in einer zügigen Bewegung Teller und Pfanne zusammen umdrehen, sodass der Frico auf dem Teller landet. Den Frico zurück in die Pfanne gleiten lassen und nochmals 6–8 Minuten braten, bis die Kruste goldbraun ist.

Buonissimo!

FLEISCHBÄLLCHEN ALLA MAMMA

- PORTIONEN -
4–6

- VORBEREITUNG -
15 Minuten

- GARZEIT -
50 Minuten

Meine Mutter macht die besten *polpette* (Fleischbällchen) aller Zeiten. Hier verrate ich ihr Geheimrezept. Besonders zart werden die sie, wenn man Hackfleisch vom Kalb verwendet. Wer mag, kann auch etwas Wurstbrät in die Masse geben. Diese Fleischbällchen können als Hauptgericht mit Kartoffelpüree serviert werden, oder man formt ganz kleine Bällchen und serviert sie mit Pasta. *Buon appetito!*

80 g Weißbrot ohne Rinde
Milch zum Einweichen
800 g Rinderhackfleisch
1 Ei
Blätter von einem kleinen Bund Basilikum, gehackt
30 g Parmesan, gerieben
Salz
schwarzer Pfeffer, frisch gemahlen

- FÜR DIE TOMATENSAUCE -

1 Schuss natives Olivenöl extra
1 kleine Zwiebel, fein gehackt
1 Knoblauchzehe, fein gehackt
1 Dose (à 400 g) geschälte Tomaten

Das Brot in eine Schüssel geben und mit Milch übergießen, so dass es komplett bedeckt ist. 30 Minuten quellen lassen.

In der Zwischenzeit die Tomatensauce zubereiten. Das Olivenöl in einem Topf erhitzen. Zwiebel und Knoblauch darin ein paar Minuten anbraten, dann die Tomaten einrühren. Mit Salz und Pfeffer abschmecken und 20 Minuten unter gelegentlichem Rühren köcheln lassen.

Zurück zum Brot. Das Brot aus der Schüssel nehmen und ausdrücken, um überschüssige Milch zu entfernen, dann zusammen mit Hackfleisch, Ei, Basilikum und Käse in eine große Rührschüssel geben. Mit Salz und Pfeffer würzen und mit den Händen verkneten. Mit den Händen Kugeln von der Größe eines Tischtennisballs formen (dieses Rezept ergibt etwa 40 Bällchen).

Die Fleischbällchen in die Tomatensauce geben und bei schwacher bis mittlerer Hitze 15–20 Minuten garen, dabei nach der Hälfte der Zeit wenden. Heiß mit Kartoffelpüree servieren.

Buon appetito!

VITELLO TONNATO

- PORTIONEN -	- VORBEREITUNG -	- GARZEIT -
4–6	30 Minuten + Wartezeit	1 Stunde

Vitello tonnato ist ein klassisches Gericht aus dem Piemont: kaltes Kalbfleisch mit einer Thunfischsauce. Die Kombination mag seltsam klingen, aber sie schmeckt umwerfend gut. Dieses Gericht ist perfekt für ein sommerliches Abendessen, ein Picknick oder ein köstliches Mittagessen am Strand.

1 kg Kalbsbraten (Keule oder Oberschale)
1 Karotte, geschält und grob gehackt
1 Selleriestange, grob gehackt
1 Zwiebel, abgezogen und halbiert
4 Knoblauchzehen, abgezogen
5 Gewürznelken, leicht zerdrückt
1 kleines Bund Rosmarin
5 Lorbeerblätter
300 ml Weißwein
Salz

Kapernäpfel zum Garnieren

Das Fleisch in einen großen Topf geben. Karotten, Sellerie, Zwiebeln und Knoblauch sowie Nelken, Rosmarin und Lorbeerblätter hinzufügen. Den Weißwein zugießen, dann so viel Wasser hinzufügen, dass das Fleisch vollständig bedeckt ist. Mit Salz würzen und bei mittlerer Hitze zum Kochen bringen.

Sobald das Wasser zu kochen beginnt, die Hitze reduzieren, einen Deckel auflegen und 1 Stunde kochen lassen (Faustregel: pro 500 g Fleisch 30 Minuten Kochzeit).

Nach einer Stunde den Herd ausschalten und das Fleisch eine weitere Stunde in der Brühe ruhen lassen (wer wenig Zeit hat, kann diesen Schritt auslassen).

Das Fleisch aus dem Topf nehmen und in Alufolie wickeln. Einige Stunden oder über Nacht im Kühlschrank ruhen lassen. Die Brühe nicht wegschütten. Sie kann für eine leichtere Version der Thunfischsauce (siehe Sexy Tipp), für die Zubereitung von Risotti oder Suppen verwendet werden.

- FÜR DIE THUNFISCHSAUCE -

2 hart gekochte Eier, geschält
100 g Thunfisch in Öl (Konserve), abgetropft
5 Sardellenfilets
2 Teelöffel gesalzene Kapern
100 ml natives Olivenöl extra

- *Sexy Tipp* -

Für eine leichtere Thunfischsauce kannst du statt Olivenöl die gleiche Menge Brühe vom Garen des Kalbfleischs verwenden.

Kurz vor dem Servieren die Thunfischsauce zubereiten. Eier, Thunfisch, Sardellen, Kapern und Olivenöl in einen Mixer geben und glatt pürieren (ca. 1 Minute).

Das Fleisch aus dem Kühlschrank nehmen und mit einem Messer mit glatter Klinge in dünne Scheiben (ca. 2–3 mm dick) schneiden. Die Scheiben auf einem Teller anrichten, mit der Thunfischsauce übergießen und mit den Kapern garnieren.

Buonissimo!

KALBSSCHNITZEL BOLOGNESE

- PORTIONEN -
4

- VORBEREITUNG -
10 Minuten

- GARZEIT -
20 Minuten

Mailänder *cotolette* sind recht bekannt. Dies ist eine herrliche Variante: köstliche gebratene Kalbsschnitzel, belegt mit Parmaschinken und Käse. Der Parmaschinken kann zur Abwechslung auch durch Mortadella ersetzt werden.

4 Kalbsschnitzel à 150–200 g
2 mittelgroße Eier
1 Prise Muskatnuss, gerieben
100 g Mehl, plus 20 g für die Sauce
200 g Paniermehl
150 g Butter
4 große Scheiben Parmaschinken
150 g Parmesan, gerieben
200 ml heiße Rinderbrühe
Salz
schwarzer Pfeffer, frisch gemahlen

Die Schnitzel mit einem Fleischklopfer etwa 3 Millimeter dünn klopfen.

Drei flache Schüsseln vorbereiten. In einer die Eier verquirlen und mit Muskatnuss und etwas Salz und Pfeffer würzen. In die zweite Schüssel das Mehl und in die dritte das Paniermehl geben. Die Schnitzel nacheinander erst im Mehl, dann in den Eiern und zuletzt im Paniermehl wenden. Beiseite stellen.

Die Butter in einer großen Bratpfanne zerlassen. Die panierten Schnitzel hineingeben und 4–5 Minuten von jeder Seite braten, bis sie schön goldbraun sind. Auf jedes Schnitzel eine Scheibe Parmaschinken legen, dann den geriebenen Parmesan darüber streuen. Die heiße Rinderbrühe in die Pfanne geben, einen Deckel auflegen und die Schnitzel weitere 5 Minuten dünsten, bis der Käse geschmolzen ist. Das Fleisch auf eine Servierplatte geben.

Den Bratensaft aus der Pfanne durch ein Sieb in einen kleinen Topf abseihen, bei starker Hitze 20 Gramm Mehl hinzugeben und mit dem Schneebesen etwa 3–4 Minuten kräftig rühren, bis die Sauce eindickt. Die Schnitzel mit der Sauce anrichten und servieren.

Buon appetito!

GEFÜLLTE TOMATEN

- PORTIONEN -	- VORBEREITUNG -	- GARZEIT -
4–6	15 Minuten	1 Stunde 10 Minuten

Die gefüllten Tomaten meiner Oma sind ein wunderbares Sommeressen, und die Zubereitung ist nicht schwer. Die Füllung kann nach Belieben abgewandelt werden, vielleicht mit Basilikum-Pesto, Thunfisch aus der Dose oder Salami. Ich empfehle, für dieses Gericht Risottoreis zu verwenden, weil er mehr Stärke enthält als normaler Reis.

8 große Tomaten
1 Schuss natives Olivenöl extra
2 Knoblauchzehen, fein gehackt
1 TL getrockneter Oregano
Salz
schwarzer Pfeffer, frisch gemahlen
1 kleines Bund Petersilie, fein gehackt
200 g Risottoreis (Arborio oder Carnaroli)
60 g Parmesan, gerieben
100 g Provolone, gewürfelt
Blätter von einem kleinen Bund Basilikum

Von den Tomaten einen »Deckel« abschneiden und beiseite legen. Mit einem Teelöffel vorsichtig das Fruchtfleisch aus den Tomaten herauslösen, in einen Mixer geben und pürieren.

Die ausgehöhlten Tomaten auf ein Gitter über einem Teller setzen. Großzügig salzen, dann kopfüber drehen, damit die überschüssige Flüssigkeit abtropfen kann.

Das Olivenöl in einem Topf erhitzen. Den Knoblauch hinzufügen und ein paar Minuten anbraten, dann püriertes Tomatenfruchtfleisch und Oregano zugeben. Mit Salz und Pfeffer würzen und 20 Minuten köcheln lassen.

Die Petersilie unterrühren, dann den Herd ausschalten und die Sauce etwas abkühlen lassen. Den Backofen auf 180 °C Umluft vorheizen und eine ofenfeste Form mit Backpapier auslegen.

Salzwasser in einem Topf zum Kochen bringen. Den Reis hineingeben und bissfest kochen (ca. 2–3 Minuten kürzer als auf der Verpackung angegeben). Abgießen, den Reis in die Tomatensauce geben, Parmesan und die Hälfte des Provolone dazugeben und gründlich verrühren.

In jede ausgehöhlte Tomate 2–3 Esslöffel der Reismischung füllen, dann 4 Würfel Provolone darauf legen und die Tomaten bis an den Rand mit der Reismischung füllen. Die Tomaten in die vorbereitete Form setzen und die Deckel auflegen. 40–45 Minuten backen.

Mit einigen Basilikumblättern bestreuen und servieren.

Buon appetito!

KNUSPRIGES BIERHÄHNCHEN

- **PORTIONEN** - 4
- **VORBEREITUNG** - 5 Minuten
- **GARZEIT** - 1 Stunde

Meine Mutter kocht dieses Gericht oft am Wochenende und serviert es mit Bratkartoffeln. Es ist echtes Seelenfutter, saftig und absolut lecker! Ich bereite es häufig zu, wenn ich nicht viel Zeit zum Kochen habe. Man gibt einfach alle Zutaten in einen Bräter, schiebt ihn in den Ofen, und eine Stunde später ist das Huhn fertig.

1 Schuss natives Olivenöl extra
8 Hähnchenoberkeulen mit Haut, ohne Knochen
330 ml helles Bier
2 Knoblauchzehen, fein gehackt
1 kleines Bund Rosmarin, fein gehackt
5 Salbeiblätter, fein gehackt
Salz
schwarzer Pfeffer, frisch gemahlen

Den Backofen auf 180 °C Umluft vorheizen.

Das Olivenöl in einen großen Bräter geben und die Hähnchenkeulen mit der Hautseite nach unten hineinlegen. Mit dem Bier übergießen und mit Salz und Pfeffer würzen, dann den gehackten Knoblauch und die Kräuter darüber streuen. Mit Alufolie abdecken und 30 Minuten braten.

Die Folie abnehmen, die Hähnchenkeulen umdrehen (Haut nach oben) und weitere 30 Minuten backen, bis sie goldbraun und knusprig sind. Zum Servieren etwas von der Biersauce darüber geben.

Buon appetito!

- Sexy Tipp -

Probiere dieses Rezept mit Weißwein anstelle von Bier: gleiche Mengen, anderer Geschmack, gleiches super-sexy Ergebnis!

CALAMARI VOM BACKBLECH

- PORTIONEN -
4

- VORBEREITUNG -
10 Minuten

- GARZEIT -
30 Minuten

Keine Zeit zum Kochen, aber Lust auf etwas Leckeres? Dann musst du diese supereinfachen Calamari probieren. Einfach alle Zutaten in einer Schüssel vermischen und ab in den Ofen. Simpel, schnell und, *mamma mia!*, so gut!

800 g Tintenfisch (Kalmar) ohne Haut
1 rote Zwiebel, in Ringe geschnitten
150 g Kirschtomaten, halbiert
100 g schwarze Oliven ohne Kern
2 Knoblauchzehen, gehackt
50 g Parmesan, gerieben
Saft und abgeriebene Schale von 1 Zitrone
120 g Paniermehl
1 Schuss Olivenöl
Salz
1 kleines Bund Petersilie, gehackt

Den Backofen auf 180 °C Umluft vorheizen. Ein Backblech mit Backpapier auslegen.

Die Kalmare waschen und trocken tupfen. Dann den Kopf hinter den Augen abschneiden und den harten »Schnabel« entfernen. Mit den Fingern das Fischbein aus den Tuben entfernen. Die Tuben in 1 cm breite Ringe schneiden, die Tentakel längs halbieren. Alles in eine Schüssel geben.

Zwiebel, Kirschtomaten, Oliven, Knoblauch, Parmesan, Zitronenschale und Paniermehl hinzufügen. Mit Olivenöl beträufeln, mit Salz würzen und mit den Händen gut durchmischen.

Diese Mischung auf das vorbereitete Backblech geben und gleichmäßig verteilen. Nochmals mit Öl beträufeln, dann 25–30 Minuten backen, bis die Calamari schön knusprig sind.

Zum Servieren mit Zitronensaft beträufeln und mit etwas Petersilie garnieren.

Buon appetito!

- *Sexy Tipp* -
Besonders lecker mit einer feinen Trüffelmayonnaise!

PANZEROTTI

- ERGIBT -	- VORBEREITUNG -	- GARZEIT -
10–12 Stück	30 Minuten + Wartezeit	15 Minuten

Panzerotti sind köstliche Pizzataschen aus Apulien. Die Zubereitung ist einfach, und bei der Füllung ist alles erlaubt. Ich empfehle Ricotta und Salami, Pesto und Mozzarella oder Pilze und geräucherten Käse … *mamma mia!*

500 g Mehl Type 550, plus mehr zum Arbeiten
3 g Trockenhefe
5 g (1 TL) Zucker
10 g (2 TL) Salz
15 ml (1 EL) natives Olivenöl extra
2 l Sonnenblumenöl zum Frittieren

- FÜR DIE FÜLLUNG -

250 g Passata
1 TL getrockneter Oregano
1 Schuss natives Olivenöl extra
Salz
schwarzer Pfeffer, frisch gemahlen
300 g Mozzarella, gerieben

Mehl, Hefe und Zucker in einer großen Schüssel mischen. 150 Milliliter lauwarmes Wasser hinzufügen und mit einem Holzlöffel verrühren. Das Salz und weitere 140 Milliliter lauwarmes Wasser hinzugeben und den Teig noch eine Minute rühren, bis sich alle Zutaten verbunden haben. Das Olivenöl hinzufügen und den Teig ein paar Minuten in der Schüssel mit den Händen kneten. Den Teig auf eine bemehlte Arbeitsfläche geben und weitere 2–3 Minuten kneten, bis ein glatter Teig entstanden ist.

Den Teig zu einem Strang formen und in 10–12 Stücke von je etwa 70–80 Gramm schneiden. Jedes Stück zu einer Kugel formen und diese Teigkugeln auf ein Blech legen. Mit Frischhaltefolie abdecken und ein paar Stunden ruhen lassen.

Inzwischen für die Füllung Passata, Oregano und Olivenöl in einer Schüssel verrühren. Mit Salz und Pfeffer würzen, dann die Mozzarellawürfel unterrühren. Beiseite stellen.

Nach 2 Stunden die Teigkugeln auf eine leicht bemehlte Fläche geben und mit einem Nudelholz zu etwa 2–3 mm dicken Scheiben ausrollen.

1 Esslöffel der Tomaten-Mozzarella-Füllung in die Mitte jeder Scheibe geben, dann die Scheiben in der Mitte falten, sodass eine Halbmondform entsteht. Die Ränder mit den Fingern oder den Zinken einer Gabel festdrücken, damit die Füllung beim Frittieren der Panzerotti nicht herausquillt.

Das Sonnenblumenöl in einen tiefen Topf geben und auf 170 °C erhitzen. Um zu prüfen, ob das Öl heiß genug ist, den Stiel eines Holzlöffels in das Öl tauchen. Wenn sich an ihm Bläschen bilden, kann frittiert werden. Jeweils 2–3 Panzerotti einige Minuten frittieren, bis sie schön goldbraun sind.

Auf einem mit Küchenpapier ausgelegten Teller abtropfen lassen und heiß servieren.

Buon appetito!

- Sexy Tipp -

Du kannst die Panzerotti auch im Backofen bei 200 °C Umluft etwa 20 Minuten backen, bis sie schön goldbraun sind.

SIZILIANISCHER KABELJAU

- PORTIONEN -	- VORBEREITUNG -	- GARZEIT -
4	10 Minuten	35 Minuten

Dieses Gericht hat mir Carlo verraten, ein sizilianischer Fischhändler, den ich vor ein paar Jahren im Urlaub in Palermo kennengelernt habe. Ich war auf der Suche nach einem schnellen Abendessen, und er schlug mir sein Familienrezept vor. Es ist super einfach und schnell zubereitet. Wer möchte, bestäubt den Fisch vor dem Braten mit etwas Mehl.

1 Schuss natives Olivenöl extra
1 Knoblauchzehe, gehackt
250 g Kirschtomaten, halbiert
2 mittelgroße Kartoffeln geschält und klein gewürfelt
250 g Passata
Salz
schwarzer Pfeffer, frisch gemahlen
4 Kabeljaufilets ohne Haut (à ca. 125–150 g)
20 g grüne oder schwarze Oliven ohne Stein
1 kleines Bund Petersilie, gehackt

Das Olivenöl in einer großen Pfanne erhitzen. Knoblauch und Kirschtomaten zugeben und ein paar Minuten braten, dann die Kartoffeln hinzufügen.

Passata und 100 Milliliter Wasser zugeben. Mit Salz und Pfeffer würzen und zugedeckt 20–25 Minuten unter gelegentlichem Rühren kochen, bis die Kartoffeln schön weich sind.

Die Kabeljaufilets in die Pfanne geben, die Oliven darüber streuen, den Deckel wieder auflegen und weitere 10 Minuten kochen, bis der Fisch gar ist (die Garzeit kann je nach Größe der Fischfilets variieren).

Mit Petersilie bestreuen und servieren.

Buon appetito!

KARTOFFEL AUFLAUF

- PORTIONEN -
6

- VORBEREITUNG -
10 Minuten

- GARZEIT -
1 Stunde

Der Kartoffelauflauf wurde gegen Ende des 18. Jahrhunderts in Neapel erfunden. Nach einem kurzen Urlaub in Frankreich bat die Königin von Neapel ihre Köche, ein Kartoffelgericht aus Zutaten zuzubereiten, die sie während ihres Besuchs probiert hatte. Stell dir das Gericht wie eine köstliche, intensiv nach Käse schmeckende Kartoffellasagne vor – *mamma mia!*

40 g Butter
40 g Paniermehl
1 kg Kartoffeln, geschält und in Stücke geschnitten
2 Eier
90 g Parmesan, gerieben
1 Prise Muskatnuss, gerieben
Salz
schwarzer Pfeffer, frisch gemahlen
60 ml Milch
180 g Provolone, gewürfelt
160 g italienische Salami, gewürfelt

Den Backofen auf 180 °C Umluft vorheizen. Den Boden einer Auflaufform mit 20 Gramm Butter einfetten, dann 20 Gramm Paniermehl darüber streuen. Beiseite stellen.

Salzwasser in einem großen Topf zum Kochen bringen. Die Kartoffeln hineingeben und etwa 20 Minuten kochen, bis sie weich sind. Abgießen, in eine Schüssel kippen und mit einem Kartoffelstampfer zerdrücken.

Die Eier und 60 Gramm Parmesan in die Schüssel geben. Mit Muskatnuss, Salz und Pfeffer würzen, dann langsam die Milch einrühren. Sobald alles eingearbeitet ist, Provolone und Salami untermischen. Die Masse sollte eine ziemlich feste Konsistenz haben.

Die Kartoffelmischung in die vorbereitete Auflaufform geben und glatt streichen. Mit dem restlichen Paniermehl und dem restlichen Parmesan bestreuen. Die restliche Butter in Würfel schneiden und darauf verteilen.

Das Ganze mit Alufolie abdecken und für 40 Minuten backen. Gegen Ende der Backzeit die Folie entfernen. Für die letzten 5 Minuten den Auflauf unter einen heißen Grill schieben, damit er eine schöne Kruste bekommt.

Den Kartoffelauflauf vor dem Servieren 10 Minuten ruhen lassen.

Buon appetito!

DOLCI

OLCI

DOLCI

MAMMA Mia!

Ein perfektes Essen endet immer mit einem köstlichen Dessert. In diesem Kapitel zeige ich, wie man die besten italienischen *Dolci* zubereitet! Von Kuchen über *Gelato* bis hin zu hausgemachtem Schokoladen-Haselnuss-Aufstrich – hier darf geschlemmt werden. Und es geht nicht nur um den Nachtisch, denn in Italien isst man Kuchen auch gern zum Frühstück. Mit einer guten Tasse Kaffee ist das ein schöner Start in den Tag!

Ich werde oft nach meinem Lieblingsdessert gefragt. Ich mag zwar alle Rezepte in diesem Kapitel, aber es gibt doch nichts Besseres als ein gutes *Tiramisù*. Das Rezept in diesem Kochbuch stammt von meiner Tante Mara und hat deshalb einen besonderen Platz in meinem Herzen.

TIRAMISÙ GANZ KLASSISCH

- **PORTIONEN -**
6

- **VORBEREITUNG -**
30 Minuten

- **KÜHLZEIT -**
Mindestens 2 Stunden

OK, ich gestehe: Dies ist nicht das Originalrezept für Tiramisù. Es stammt von meiner Tante Mara und enthält – im Gegensatz zum Original – Sahne. Tiramisù bedeutet wörtlich »Richte mich auf«. Erfunden wurde es angeblich im 19. Jahrhundert von der Chefin eines Freudenhauses in Treviso im Nordosten Italiens, als Muntermacher für ihre Kunden nach einem anstrengenden Besuch.

3 Eier, getrennt
250 ml kalte Sahne
3 EL Zucker
500 g Mascarpone
250 ml kalter Espresso
200 g Löffelbiskuits
30 g ungesüßtes Kakaopulver, plus mehr zum Bestreuen

Das Eiweiß in einer kleinen Schüssel mit dem Handrührgerät zu festem Eischnee schlagen. Kühl stellen. In einer anderen Schüssel die Sahne steif schlagen. Ebenfalls kühl stellen.

In einer dritten Schüssel die Eigelbe mit dem Zucker schaumig aufschlagen, dann den Mascarpone hinzufügen und cremig rühren. Erst die Schlagsahne, dann den Eischnee nach und nach unterheben.

Den Kaffee in eine flache Schüssel gießen. Die Löffelbiskuits auf jeder Seite ein paar Sekunden in den Kaffee tauchen. Die Hälfte der getränkten Kekse auf dem Boden einer flachen Schale oder Backform (etwa 20 × 30 Zentimeter) verteilen. Die Hälfte der Tiramisù-Creme darauf verteilen, dann die Hälfte des Kakaopulvers darüber streuen. Das Ganze mit den restlichen Zutaten wiederholen.

Das Tiramisù einige Stunden (am besten über Nacht) im Kühlschrank ruhen lassen und vor dem Servieren mit etwas Kakaopulver bestreuen.

TORTA PARADISO

- PORTIONEN -
6

- VORBEREITUNG -
15 Minuten

- GARZEIT -
40 Minuten

Dieser »Paradieskuchen« ist wunderbar zart und locker. Du brauchst dafür nur wenige Zutaten, die du wahrscheinlich im Haus hast. Angeblich wurde er von einem Konditor in der Lombardei erfunden. Seinen Namen erhielt er, als ein Kunde ihn probierte und begeistert rief: » Dieser Kuchen ist paradiesisch!«

120 g zimmerwarme Butter
190 g Zucker
4 Eier
abgeriebene Schale von 1 Zitrone
180 g Mehl
100 g Kartoffelstärke
15 g Backpulver
Puderzucker zum Bestreuen

Den Backofen auf 180 °C Umluft vorheizen. Eine runde Springform (22 Zentimeter Durchmesser) mit Backpapier auslegen.

Butter und Zucker in eine Rührschüssel geben und mit dem Handrührgerät etwa 5 Minuten verrühren, bis eine weiche Masse entstanden ist.

Die Eier einzeln unterrühren, dann die Zitronenschale dazugeben und noch ein paar Minuten weiterrühren. Dann Mehl, Kartoffelstärke und Backpulver auf die Mischung sieben und alles noch eine Minute verrühren, bis der Teig glatt ist.

Den Teig in die vorbereitete Form gießen und im Ofen etwa 40 Minuten backen (oder bis an einem mittig eingestochenen Stäbchen kein Teig mehr haftet).

In der Form abkühlen lassen, dann vorsichtig aus der Form lösen, mit Puderzucker bestreuen und servieren.

Buon appetito!

EIS MIT DREI ZUTATEN

- PORTIONEN -
6–8

- VORBEREITUNG -
5 Minuten

- GEFRIERZEIT -
Mindestens 2 Stunden

Wolltest du schon immer mal *Gelato* zu Hause selbst machen, aber du hast keine dieser superschicken und teuren Eismaschinen? Keine Sorge, da weiß ich Rat. Für mein Rezept brauchst du nur drei Zutaten, und die Zubereitung dauert weniger als fünf Minuten. Dann musst du es nur noch zwei Stunden einfrieren, bevor du probieren kannst … *mamma mia!*

250 g dunkle Schokolade, fein gehackt
500 sehr kalte Sahne
350 g Kondensmilch

Die Schokolade in eine hitzebeständige Schüssel geben und in der Mikrowelle dreimal jeweils 30 Sekunden erhitzen, um sie zu schmelzen. Zwischendurch umrühren, damit die Schokolade nicht anbrennt. Beiseite stellen und etwas abkühlen lassen.

In der Zwischenzeit die Sahne aus dem Kühlschrank nehmen und in eine Rührschüssel geben. Mit dem Handrührgerät aufschlagen, bis sich weiche Spitzen bilden und die Sahne schön schaumig wird.

Kondensmilch und abgekühlte geschmolzene Schokolade gut verrühren und anschließend vorsichtig unter die Sahne heben, bis eine glatte Masse entsteht. Die Schokoladencreme in eine Gefrierbox füllen und 2 Stunden ins Gefrierfach stellen. Dann ist das Eis fertig und kann genossen werden.

Buon appetito!

- Sexy Tipp -
Die Schokolade kannst du durch pürierte Erdbeeren, Pistaziencreme oder Zitronensaft ersetzen.

APFELKUCHEN MIT MASCARPONE

- PORTIONEN -
6

- VORBEREITUNG -
15 Minuten

- GARZEIT -
45 Minuten

Viele meiner Freunde reagieren überrascht, wenn ich erzähle, dass man in Italien zum Frühstück Kuchen isst. Wenn du ein italienisches Frühstück ausprobieren möchtest, empfehle ich diesen köstlichen Apfelkuchen. Er ist weich, leicht und saftig und eignet sich perfekt zum Eintunken in heißen Tee!

6 Äpfel, entkernt
Saft von 2 Zitronen
4 mittelgroße Eier
180 g Zucker, plus 1 EL zum Bestreuen
250 g Mascarpone
1 Prise Salz
200 g Mehl
12 g Backpulver
1 TL gemahlener Zimt
Puderzucker zum Bestreuen

Den Backofen auf 180 °C Umluft vorheizen. Eine runde Springform (22 Zentimeter Durchmesser) mit Backpapier auslegen.

Drei der Äpfel in kleine Würfel schneiden, die restlichen drei in etwa 2 mm dicke Scheiben schneiden. Die Apfelwürfel in eine flache Schüssel geben und die Scheiben in eine andere, dann den Zitronensaft darüber träufeln und gut durchmischen (so wird verhindert, dass die Äpfel braun werden).

Die Eier in eine Rührschüssel aufschlagen. 180 Gramm Zucker hinzufügen und mit dem Handrührgerät 1 Minute verrühren. Mascarpone und Salz hinzugeben und weitere 20 Sekunden rühren. Mehl, Backpulver und Zimt einsieben und alles eine weitere Minute verrühren, bis der Teig glatt ist.

Die Apfelwürfel in einem Sieb abtropfen lassen, um den überschüssigen Zitronensaft zu entfernen. Zum Teig geben und mit einem Löffel gut unterrühren. Den Teig in die vorbereitete Form füllen.

Die Apfelscheiben in einem Sieb abtropfen lassen, um überschüssigen Zitronensaft zu entfernen. Den Teig mit den Apfelscheiben belegen. Mit 1 EL Zucker bestreuen. 40–45 Minuten backen, bis die Oberfläche goldbraun ist und an einem mittig eingestochenen Stäbchen kein Teig mehr haftet.

Den Kuchen in der Form vollständig abkühlen lassen, dann vorsichtig aus der Form lösen. Mit Puderzucker bestreuen und servieren.

Buon appetito!

HEIDELBEERKUCHEN MIT RICOTTA

- PORTIONEN -	- VORBEREITUNG -	- GARZEIT -
6	15 Minuten	1 Stunde

Diesen Kuchen mag ich besonders gern.
Er ist herrlich saftig und ganz einfach zu backen.

3 Eier
250 g Ricotta
1 TL Vanilleextrakt
abgeriebene Schale von 1 Zitrone
Saft von ½ Zitrone
200 g Zucker
1 Prise Salz
200 g Mehl, plus 1 EL für die Heidelbeeren
2 TL Backpulver
100 g Butter, zerlassen
250 g frische Heidelbeeren
2 EL Puderzucker zum Bestreuen

Den Backofen auf 180 °C Umluft vorheizen. Eine runde Springform (22 Zentimeter Durchmesser) mit Backpapier auslegen.

Die Eier in eine Rührschüssel schlagen, dann Ricotta, Vanille und Zitronenschale und -saft hinzufügen. Mit dem Handrührgerät eine Minute verquirlen, bis die Masse glatt ist. Zucker und Salz zugeben und noch ein paar Minuten weiterschlagen, dann Mehl und Backpulver einsieben und eine weitere Minute verrühren. Zum Schluss die geschmolzene Butter hinzufügen und noch einmal schlagen, bis ein schöner, seidiger Teig entsteht.

200 Gramm Heidelbeeren in eine kleine Schüssel geben und mit 1 Esslöffel Mehl bestreuen. Mit einem Löffel umrühren. So wird verhindert, dass sie beim Backen absinken.

Die bemehlten Heidelbeeren unter den Kuchenteig mischen, dann den Teig in die vorbereitete Backform füllen. Mit den restlichen Blaubeeren (nicht mit Mehl bestäubt) belegen und 50–60 Minuten backen, bis der Kuchen goldbraun ist und an einem mittig eingestochenen Stäbchen kein Teig mehr haftet.

Den Kuchen in der Form vollständig abkühlen lassen, dann vorsichtig aus der Form lösen. Mit Puderzucker bestreuen und servieren.

- Sexy Tipp -

Das Rezept funktioniert auch mit Erdbeeren, Himbeeren oder Brombeeren, und natürlich mit einer leckeren Beerenmischung.

CAMILLE

- PORTIONEN -
10-12

- VORBEREITUNG -
15 Minuten

- GARZEIT -
20 Minuten

Camille sind kleine Karottenkuchen, die Kinder gern als Snack mit in die Schule nehmen. Dieses Rezept ergibt 10-12 *camille*, je nach Größe der Muffinförmchen. Wer möchte, kann noch ein paar gehackte Nüsse in den Teig rühren.

2 mittelgroße Eier
220 g Zucker
350 g Karotten, geschält und fein geraspelt
100 ml Olivenöl
100 ml frisch gepresster Orangensaft
abgeriebene Schale von 2 Bio-Orangen
1 TL Vanilleextrakt
100 g gemahlene Mandeln
280 g Mehl
2 TL Backpulver

Den Backofen auf 180 °C Umluft vorheizen. Ein 12er-Muffinblech mit Papierförmchen auslegen.

Eier und Puderzucker in einer Schüssel mit dem Handrührgerät einige Minuten schaumig schlagen. Geraspelte Karotten, Olivenöl, Orangensaft, Orangenschale, Vanille und gemahlene Mandeln dazugeben und unterheben, dann Mehl und Backpulver darüber sieben. Alle Zutaten rasch zu einem glatten Teig verrühren.

Den Teig auf die Muffinförmchen verteilen, dabei darauf achten, dass die Förmchen nicht überfüllt werden: Die Masse muss 1,5 cm unter dem Rand der Förmchen bleiben. 20 Minuten backen, bis die Muffins goldbraun sind.

Die *camille* in der Form ganz abkühlen lassen, dann servieren.

Buon appetito!

HASELNUSS-SCHOKO-CREME

- PORTIONEN -
6–8

- VORBEREITUNG -
15 Minuten

- GARZEIT -
10 Minuten

Wusstest du, dass du köstliche Haselnusscreme ganz leicht selbst herstellen kannst? Streich sie aufs Brot, träufle sie auf ein Gelato oder verziere damit deine Torten ... *mamma mia!*

100 g Haselnusskerne
100 g Zucker
150 g Vollmilchschokolade, in kleine Stücke gehackt
150 g dunkle Schokolade, in kleine Stücke gehackt
180 ml warme Milch
3 TL Sonnenblumenöl

Die Haselnüsse in einer beschichteten Pfanne bei mittlerer Hitze etwa 5 Minuten rösten, dann abkühlen lassen.

Die gerösteten Haselnüsse zusammen mit Zucker, Vollmilch- und dunkler Schokolade in einen Mixer geben. 2–3 Minuten mixen, bis die Masse eine mehlige Konsistenz hat.

Die warme Milch nach und nach zugeben, dabei den Mixer immer wieder aus- und einschalten. Dann das Öl zugeben und mixen, bis eine glatte Creme entsteht.

Wasser in einem Topf zum Kochen bringen und eine hitzebeständige Schüssel darüber platzieren. Der Boden der Schüssel darf das kochende Wasser nicht berühren. Die Haselnusscreme in die Schüssel gießen und 5 Minuten unter Rühren vorsichtig erwärmen (nicht kochen!).

Die Haselnusscreme in ein sterilisiertes Glas (siehe Tipp) umfüllen und vollständig erkalten lassen. Dann erst den Deckel zuschrauben.

Buon appetito!

- Sexy Tipp -

Gläser und Deckel mit etwas Spülmittel spülen und mit heißem Wasser abspülen. Kopfüber auf ein Backblech stellen. 15 Minuten bei 160–180 °C Umluft in den vorgeheizten Backofen schieben.

KÜRBISKUCHEN MIT WALNÜSSEN

- PORTIONEN -
6

- VORBEREITUNG -
15 Minuten

- GARZEIT -
45 Minuten

Dieses Rezept ist der ganze Stolz meines Vaters. Er backt ihn oft, und er glaubt, dass er der Einzige in der Familie sei, dem er perfekt gelingt. Ich hoffe, ich kann ihm hier gerecht werden!

75 ml Milch
170 g Puderzucker
100 ml Olivenöl
2 TL Vanilleextrakt
2 TL gemahlener Zimt
300 g Fruchtfleisch vom Butternusskürbis, geraspelt
250 g Mehl
8 g Backpulver
40 g Schoko-Chips
70 g Walnusskerne, gehackt
1 Prise Salz

Den Backofen auf 180 °C Umluft vorheizen. Eine Kastenform (etwa 21 × 11 Zentimeter) mit Backpapier auslegen.

Milch, Puderzucker, Öl, Vanille und Zimt in einer Schüssel einige Minuten mit dem Schneebesen glattrühren. Den geriebenen Kürbis unterrühren, dann Mehl und Backpulver darüber sieben und erneut verrühren. Schoko-Chips, Walnüsse und Salz dazugeben und untermischen. Den Teig in die vorbereitete Form geben.

40–45 Minuten backen, bis an einem mittig eingestochenen Stäbchen kein Teig mehr haftet.

Den Kuchen aus dem Ofen nehmen und in der Form abkühlen lassen. Mit Walnüssen und nach Belieben mit etwas Zuckerguss garnieren.

Buonissimo!

PANNA COTTA MIT ERDBEEREN

- **PORTIONEN** -
4

- **VORBEREITUNG** -
5 Minuten

- **GARZEIT** -
20 Minuten + Wartezeit

Panna cotta bedeutet wörtlich »gekochte Sahne«. Mein absolutes Lieblings-Dessert wenn Gäste zum Essen kommen, denn man kann sie schon am Vortag zubereiten.

8 g Gelatine (5 Blätter)
500 ml Sahne
90 g Zucker
2 TL Vanilleextrakt

- **FÜR DIE SAUCE** -

150 g Erdbeeren, gehackt
20 g Zucker
10 ml (2 TL) Zitronensaft
Abgeriebene Schale von ½ Zitrone

Die Gelatineblätter in eine Schüssel geben und mit zimmerwarmem Wasser bedecken. Beiseite stellen.

Sahne, Zucker und Vanille in einem Topf bei schwacher Hitze erwärmen. Umrühren und zum Köcheln bringen. Sobald sich kleine Bläschen bilden, den Topf vom Herd nehmen. Die eingeweichten Gelatineblätter abtropfen lassen, zur Sahne geben und rühren, bis sie sich vollständig aufgelöst haben.

Die Panna-Cotta-Masse in vier Gläser füllen und einige Stunden (oder über Nacht) im Kühlschrank fest werden lassen.

In der Zwischenzeit die Erdbeersauce zubereiten. Die gehackten Erdbeeren mit Zucker, Zitronensaft und -schale in einem kleinen Topf erwärmen. 15 Minuten leise kochen, dann abkühlen lassen.

Die Panna cotta mit der Erdbeersauce anrichten und servieren.

Buon appetito!

- *Sexy Tipp* -

Zur Panna cotta passen auch andere Toppings, zum Beispiel Schokolade, Karamell oder Waldbeeren.

MARMORKUCHEN

- PORTIONEN -
6

- VORBEREITUNG -
20 Minuten

- GARZEIT -
45 Minuten

Meine Mutter fing an, diesen Kuchen zu backen, als bei ihr eine Laktoseintoleranz diagnostiziert wurde, und er wurde bald zu einem der Lieblingskuchen unserer Familie. Wer keine Gugelhupfform hat, kann ihn auch in einer normalen Spring- oder Kastenform backen.

120 ml Sonnenblumenöl, plus etwas mehr für die Form
350 g Mehl, plus etwas mehr zum Arbeiten
4 mittelgroße Eier
220 g Zucker
3 TL Vanilleextrakt
15 g Backpulver
30 g ungesüßtes Kakaopulver
2 EL Puderzucker zum Bestreuen

Den Backofen auf 180 °C Umluft vorheizen. Eine Gugelhupfform (24 Zentimeter Durchmesser) einfetten und mit Mehl bestäuben.

Eier und Zucker in einer Rührschüssel mit dem Handrührgerät etwa 90 Sekunden schaumig schlagen. Vanilleextrakt, 120 Milliliter zimmerwarmes Wasser und Sonnenblumenöl hinzugeben und eine weitere Minute lang verrühren. Mehl und Backpulver einsieben und ein letztes Mal gut einrühren.

Die Hälfte des Teigs in die vorbereitete Gugelhupfform füllen. Das Kakaopulver zu dem restlichen Teig in der Schüssel hinzufügen. Gut verrühren, dann den Schokoladenteig in die Gugelhupfform auf den Vanilleteig füllen.

40–45 Minuten backen, bis an einem mittig eingestochenen Stäbchen kein Teig mehr haftet.

Den Kuchen auf ein Küchengitter stürzen und ganz erkalten lassen. Mit Puderzucker bestäuben und servieren.

TIRAMISÙ MIT LIMONCELLO

- PORTIONEN -
6

- VORBEREITUNG -
30 Minuten

- KÜHLZEIT -
Mindestens 2 Stunden

Dieses Tiramisù mit *Limoncello* habe ich vor einigen Jahren für die Geburtstagsfeier meines Freunds Serxhio erfunden, und es kam sehr gut an. Es ist der perfekte Abschluss für ein sommerliches Menü. Ein *Tiramisù* sollte immer über Nacht im Kühlschrank durchziehen. Die Zitronen können auch durch Orangen ersetzt werden.

250 g Löffelbiskuits
Zitronenscheiben zum Garnieren

- FÜR DEN LIMONCELLO-DIP -

70 g Zucker
abgeriebene Schale von 1 Zitrone
20 ml Limoncello

- FÜR DIE TIRAMISU-CREME -

500 g Mascarpone
50 g Puderzucker
200 ml kalte Sahne
Saft und abgeriebene Schale von 1 Zitrone
10 ml (2 TL) Limoncello

Für den Limoncello-Dip Zucker, 400 Milliliter Wasser und Zitronenschale in einem kleinen Topf erwärmen. Gut umrühren und zum Kochen bringen, dann vom Herd nehmen und in eine flache Schüssel gießen. Vollständig abkühlen lassen. Den Limoncello unterrühren. Beiseite stellen.

Für die Tiramisù-Creme Mascarpone und Puderzucker in eine große Schüssel geben und mit dem Handrührgerät 1 Minute verrühren. Unter ständigem Rühren langsam Sahne, Zitronenschale und -saft sowie den Limoncello einrühren. Weitere 90 Sekunden rühren, bis eine glatte Creme entstanden ist. Beiseite stellen.

Die Löffelbiskuits einige Sekunden in den Limoncello-Dip tauchen. Die Hälfte der Kekse in eine flache, eckige Form (etwa 20 × 30 Zentimeter) legen und die Hälfte der Creme darauf verteilen. Diese Schichtung wiederholen, bis die Zutaten verbraucht sind.

Das Tiramisù einige Stunden (besser über Nacht) in den Kühlschrank stellen. Mit Zitronenscheiben garnieren und servieren.

OLIVENÖLKUCHEN

- PORTIONEN -	- VORBEREITUNG -	- GARZEIT -
6	10 Minuten	50 Minuten

Er ist weich, er ist saftig und er duftet himmlisch! Für dieses Rezept empfehle ich normales Olivenöl und kein natives Olivenöl extra, denn das hätte einen zu intensiven Geschmack. Wer möchte, kann das Grundrezept auch abwandeln. Denkbar wäre zum Beispiel, etwas Orangensaft in den Teig zu geben und ihn mit Orangenscheiben zu belegen. Ein anderer Sexy Tipp: Einige gewürfelte Äpfel unter den Teig zu rühren, um den saftigsten Apfelkuchen aller Zeiten zu backen … *mamma mia!*

150 ml
170 g Zucker
3 mittelgroße Eier
150 ml zimmerwarme Milch
abgeriebene Schale von 1 Zitrone
300 g Mehl
15 g Backpulver
Puderzucker zum Bestreuen

Den Backofen auf 180 °C Umluft vorheizen. Eine Backform (etwa 20 × 15 Zentimeter) mit Backpapier auslegen.

Olivenöl und Zucker in einer Rührschüssel mit dem Handrührgerät 90 Sekunden verquirlen. Die Eier einzeln unterrühren, dann Milch und Zitronenschale hinzugeben und erneut verrühren. Mehl und Backpulver hinein sieben und noch einmal verrühren.

Den Teig in die vorbereitete Form füllen und 45–50 Minuten backen, bis an einem mittig eingestochenen Stäbchen keine Teigreste mehr haften.

In der Form abkühlen lassen, dann den Olivenölkuchen mit etwas Puderzucker bestreuen und genießen.

Buon appetito!

SCHOKOLADEN SALAMI

- **PORTIONEN** -
4

- **VORBEREITUNG** -
10 Minuten

- **KÜHLZEIT** -
Mindestens 3 Stunden

Schokoladen-Salami habe ich zum ersten Mal mit acht Jahren gemacht. Damals gab meine Italienischlehrerin Giuliana uns am Ende des Unterrichts einen Zettel mit ihrem »Geheimrezept für das einfachste Dessert aller Zeiten«. Noch am selben Tag habe ich das geheimnisvolle Dessert mit meiner Mutter zubereitet und war begeistert. Zwanzig Jahre später verwende ich immer noch das Rezept meiner Lehrerin, aber inzwischen gebe ich etwas Kaffee oder Rum dazu. Das schmeckt noch besser.

200 g dunkle Schokolade, fein gehackt
100 g zimmerwarme Butter
150 g Zucker
10 ml (2 TL) Kaffee oder Rum
20 g ungesüßtes Kakaopulver
120 g Butterkekse
Puderzucker zum Bestreuen

Die Schokolade in eine hitzebeständige Schüssel geben und in drei bis vier 20-Sekunden-Intervallen auf höchster Stufe in der Mikrowelle schmelzen lassen, dazwischen umrühren. Zum Abkühlen beiseite stellen.

Butter und Zucker in einer Schüssel mit dem Handrührgerät etwa 90 Sekunden schaumig rühren. Die abgekühlte geschmolzene Schokolade zusammen mit dem Kaffe (oder Rum) und dem Kakaopulver hinzugeben und weitere 30 Sekunden verrühren.

Die Kekse in einen Gefrierbeutel geben und grob zerkleinern. Unter die Schokoladenmischung heben.

Einen Bogen Backpapier oder Frischhaltefolie auf der Arbeitsfläche ausbreiten und die Schokoladenmischung darauf gießen. Die Masse mit Hilfe des Backpapiers oder der Frischhaltefolie zu einer großen Wurst rollen und diese in das Backpapier oder die Frischhaltefolie wickeln.

Die Schokoladen-Salami mindestens 3 Stunden in den Kühlschrank legen. Vor dem Servieren mit Puderzucker bestreuen.

- *Sexy Tipp* -

Knackiger Biss gefällig? Dann kannst du gehackte Pistazien oder Haselnüsse unter die Masse heben.

SAFTIGE ZITRONENTARTE

- PORTIONEN -
6

- VORBEREITUNG -
30 Minuten + Wartezeit

- GARZEIT -
40 Minuten

In meiner Kindheit hat meine Oma diese Tarte oft im Sommer gebacken. Ihre Freundin Lucia brachte regelmäßig aus dem Urlaub an der Amalfiküste eine Menge Zitronen mit. Die meisten verwendete meine Oma, um Limoncello herzustellen, aber einige bewahrte sie immer für diese Tarte auf.

- FÜR DEN TEIG -

200 g Mehl Type 405 oder 00, plus mehr zum Arbeiten
100 g Kartoffelstärke
5 g (1 TL) Backpulver
180 g Zucker
150 g kalte Butter, gewürfelt
1 mittelgroßes Ei
1 Prise Salz
Abgeriebene Schale von 2 Zitronen
15 ml Zitronensaft

Für den Teig Mehl, Kartoffelstärke und Backpulver in eine Rührschüssel sieben. Zucker, Butter, Ei und Salz sowie die Zitronenschale und den Zitronensaft dazugeben. Alle Zutaten mit einem Löffel verrühren, dann einige Minuten kneten, bis ein glatter Teig entsteht. Den Teig in Frischhaltefolie wickeln und 30 Minuten im Kühlschrank ruhen lassen.

In der Zwischenzeit den Backofen auf 180 °C Umluft vorheizen und die Zitronencreme zubereiten. Die Eier in eine Rührschüssel aufschlagen, dann Zucker, Milch und Speisestärke sowie Zitronenschale und -saft hinzufügen. Alle Zutaten mit dem Schneebesen verrühren und die Mischung in einen kleinen Topf geben. Unter Rühren zum Kochen bringen und etwa 5–10 Minuten köcheln lassen, bis die Mischung eindickt. Vom Herd nehmen und abkühlen lassen.

Den Teig aus dem Kühlschrank nehmen. Zwei Drittel der Menge mit einem Nudelholz auf einer leicht bemehlten Fläche zu einem etwa 3 mm dicken Kreis ausrollen. Den Teig in eine Tarteform (24 Zentimeter Durchmesser) legen und leicht andrücken. Den überstehenden Teigrand abschneiden. Den Boden des Teigs mit einer Gabel einstechen und die Zitronencreme darauf verteilen.

- **FÜR DIE ZITRONENCREME -**

2 mittelgroße Eier
160 g Zucker
400 ml Milch
50 g Speisestärke
Abgeriebene Schale von 2 Zitronen
3 EL Zitronensaft

- **ZUM SERVIEREN -**

Puderzucker

Den restlichen Teig 3 mm dick ausrollen und in 11 Streifen schneiden. Diese kreuz und quer auf der Torte anordnen. Etwa 40 Minuten backen, bis die Oberseite hellbraun ist.

Mit Puderzucker bestäubt servieren und genießen!

CAPRI-KUCHEN

- PORTIONEN -
4–6

- VORBEREITUNG -
15 Minuten

- GARZEIT -
45 Minuten

Der Capri-Kuchen ist eine Art italienischer Brownie. Er wurde 1920 von einem Konditor von der Insel Capri erfunden. Angeblich vergaß er beim Anrühren des Teigs das Mehl, aber der Kuchen schmeckte trotzdem so wunderbar, dass er zur Spezialität der Insel wurde.

300 g dunkle Schokolade, fein gehackt
220 g Butter
5 große Eier, getrennt
1 Prise Salz
220 g Zucker
150 g gemahlene Mandeln
1 TL Vanilleextrakt
Puderzucker zum Bestreuen

Den Backofen auf 170 °C (Umluft) vorheizen. Eine runde Springform (22 Zentimeter Durchmesser) mit Backpapier auslegen.

Schokolade und Butter in eine hitzebeständige Schüssel geben und in der Mikrowelle auf höchster Stufe in drei bis vier 20-Sekunden-Intervallen schmelzen, dazwischen immer wieder umrühren. Zum Abkühlen beiseite stellen.

Das Eiweiß mit dem Salz in einer großen Schüssel ein paar Minuten lang zu festem Eischnee schlagen.

In einer anderen Schüssel die Eigelbe und den Zucker mit dem Handrührgerät ein paar Minuten lang schaumig schlagen. Geschmolzene Schokoladenbutter, gemahlene Mandeln und Vanille dazugeben und alles zu einem glatten Teig verrühren.

Den Eischnee vorsichtig unterheben und den Teig in die vorbereitete Form geben. 45 Minuten backen, bis die Oberfläche des Kuchens Risse bekommt und an einem mittig eingestochenen Stäbchen kein Teig mehr haftet.

Den Kuchen in der Form abkühlen lassen. Aus der Form nehmen und mit Puderzucker bestreut servieren.

ERFRISCHENDE ZITRONEN-MOUSSE

- PORTIONEN -
4

- VORBEREITUNG -
5 Minuten

Wer ein blitzschnelles Dessert sucht, sollte diese Zitronen-Mousse probieren. Man kann sie einfach in Gläsern servieren oder auch zum Garnieren von Kuchen oder Cupcakes verwenden. Die Zitronen können durch Orangen ersetzt werden.

80 g Puderzucker
abgeriebene Schale und Saft von 2 Zitronen
300 ml kalte Sahne

Puderzucker, Zitronenschale und -saft in eine Schüssel geben und mit dem Handrührgerät 1 Minute lang verrühren. Die Sahne hinzugeben (sie muss sehr kalt sein) und alles etwa 90 Sekunden lang aufschlagen, bis eine schöne, luftige Creme entsteht (Vorsicht, die Sahne nicht zu Butter schlagen!).

Die Zitronenmousse auf vier kleine Gläser verteilen und mit etwas Zitronenschale garnieren.

Buon appetito!

LAVA-CAKE MIT PISTAZIEN

- PORTIONEN -
4

- VORBEREITUNG -
15 Minuten

- GARZEIT -
17 Minuten

Wer Schokoladen-Lava-Cake mag, wird dieses Rezept lieben. Auch dies ist ein tolles Dessert, wenn Gäste zum Essen kommen: Mann kann es am Vortag zubereiten. Dazu einfach die fertig gefüllten Förmchen in den Kühlschrank stellen und erst kurz vor dem Servieren backen. Die Pistaziencreme kann auch durch eine Haselnusscreme ersetzt werden (Seite 135). Atemberaubend köstlich!

60 g Butter,
plus mehr zum Einfetten
50 g Mehl,
plus mehr für die Form
60 g weiße Schokolade,
fein gehackt
80 g Pistaziencreme (gekauft)
2 mittelgroße Eier
30 g (2 EL) Zucker

- ZUM GARNIEREN -

Puderzucker zum Arbeiten
2 EL gehackte Pistazienkerne

Den Backofen auf 180 °C Umluft vorheizen. Vier Förmchen mit einem Durchmesser von 6 cm einfetten und bemehlen.

Schokolade, Butter und Pistaziencreme in eine hitzebeständige Schüssel geben und in der Mikrowelle auf höchster Stufe in drei bis vier 20-Sekunden-Intervallen schmelzen, dazwischen umrühren. Zum Abkühlen beiseite stellen.

In einer separaten Schüssel Eier und Zucker mit dem Handrührgerät etwa 4–5 Minuten schaumig schlagen, dann die geschmolzene Pistazienmischung hinzufügen und alles eine weitere Minute verrühren. Zum Schluss das Mehl hinein sieben und noch einmal rühren, bis ein glatter Teig entsteht.

Die Masse auf die vorbereiteten Förmchen verteilen und auf ein Backblech setzen. 17 Minuten backen, dann aus dem Ofen nehmen und die kleinen Kuchen 1 Minute ruhen lassen.

Jeden Kuchen auf einen kleinen Teller stürzen und mit Puderzucker und gehackten Pistazien bestreuen. Sofort servieren.

APERITIVO

APE
RIT
IVO

PERITIVO

Der *aperitivo* gehört in Italien zur Lebensart. Es ist ein Moment vor dem Mittag- oder Abendessen, in dem man sich mit Freunden auf einen Drink und einen Schwatz trifft. In italienischen Bars werden zu den Getränken oft ein paar Knabbereien gereicht, von einfachen Chips und Erdnüssen bis hin zu Pizza- oder Focaccia-Ecken und sogar Wurstplatten oder kleinen Nudelgerichten. Manchmal sind die Snacks so reichhaltig, dass sie ein Abendessen ersetzen. Das nennen wir *apericena* (ein Wort, das sich aus *aperitivo* und *cena* – Abendessen – zusammensetzt).

In diesem Kapitel habe ich bewusst auf die bekannten klassischen italienischen Getränke verzichtet, da diese eigentlich jeder kennt. Stattdessen möchte ich einige moderne italienische Lieblingscocktails vorstellen. Die meisten eignen sich hervorragend für einen *aperitivo*, aber einige werden besser nach dem Essen serviert. Meine Favoriten? Zitronen-Sgroppino und Tiramisù Espresso Martini (Seite 161 und 167) – *cin cin!*

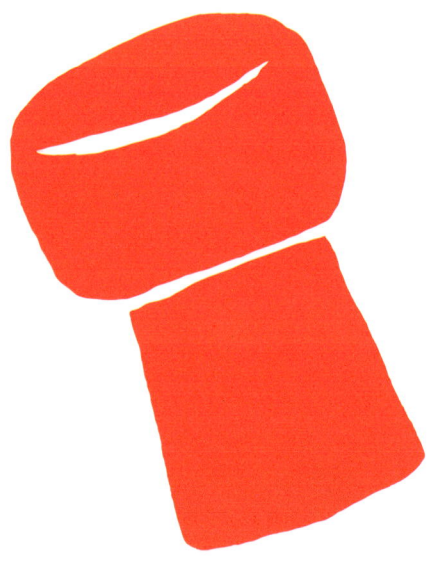

ZITRONEN SGROPPINO

- PORTIONEN -
4

- ZUBEREITUNG -
3 Minuten

Sgroppino ist ein klassischer italienischer Sommercocktail, der am Strand einfach am besten schmeckt ... In italienischen Restaurants wird er meist als *digestivo* oder Digestif zur Verdauungsanregung nach dem Essen serviert.

100 g Zitroneneis (gekauft)
200 ml Prosecco
80 ml Wodka
Zitronenscheiben zum Servieren

Alle Zutaten in einen Mixer geben und eine Minute lang pürieren, dann in vier Gläser füllen. Eiskalt mit einer Scheibe Zitrone servieren

Cin cin!

- Sexy Tipp -

Probiere Sgroppino auch mal mit Erdbeer- oder Meloneneis!

GEEISTER APEROL SPRITZ

- PORTIONEN -
2

- ZUBEREITUNG -
5 Minuten + Gefrierzeit

Aperol Spritz kennt jeder, aber hast du schon mal die geeiste Version probiert? Serviere ihn eiskalt mit ein paar Chips und Erdnüssen beim nächsten *aperitivo* ... *mamma mia!*

200 ml Orangensaft
Fruchtfleisch von 1 kleinen Mango, gewürfelt
90 ml Prosecco
20 ml Mineralwasser mit Kohlensäure
60 ml Aperol
Orangenscheiben zum Servieren

Den Orangensaft in einen Eiswürfelbehälter füllen und das Mangofruchtfleisch in eine Gefrierbox geben. Beides einige Stunden einfrieren.

Die Orangeneiswürfel und das Mangofruchtfleisch in einen Mixer geben. Prosecco, Sodawasser und Aperol hinzugeben und alles mixen.

In Gläser füllen, mit frischen Orangenscheiben garnieren und sehr kalt servieren.

Cin cin!

- Sexy Tipp -
Anstelle von Mango kannst du auch frische Orangenfilets verwenden.

LIMONCELLO SPRITZ

- PORTIONEN -
1

- ZUBEREITUNG -
5 Minuten

Die Italiener lieben einen guten »Spritz«, was genau genommen eine Art Schorle ist. Diese Limoncello-Version ist der neueste Trend! Wer ihn noch nie getrunken hat, muss ihn sofort probieren – er hat das Zeug zum neuen Kultgetränk.

Eiswürfel
90 ml Prosecco
60 ml Limoncello
10 ml (2 TL) Zitronensaft
30 ml (2 EL) Mineralwasser mit Kohlensäure
1 TL abgeriebene Zitronenschale
1 Stängel Minze

Ein Weinglas mit Eis füllen, dann Prosecco, Limoncello, Zitronensaft und Mineralwasser dazugeben. Mit einem Löffel gut umrühren und mit der Zitronenschale und der Minze garnieren.

Cin cin!

TIRAMISÙ ESPRESSO MARTINI

- PORTIONEN -
2

- ZUBEREITUNG -
10 Minuten

Wer Espresso-Martinis und Tiramisù mag, wird dieses Rezept lieben. Nach einem feinen Essen sorgst du mit diesem Drink für eine tolle Überraschung bei deinen Gästen.

80 ml Wodka
60 ml Kaffeelikör
60 ml frisch gebrühter Espresso
Eiswürfel

- FÜR DAS TIRAMISÙ-TOPPING -

100 ml Sahne
1 Eigelb
1½ EL Zucker
100 g Mascarpone
ungesüßtes Kakaopulver
zum Bestreuen
6 Kaffeebohnen

Für das Tiramisù-Topping die Sahne in einer Schüssel 90 Sekunden schaumig schlagen. In einer anderen Schüssel Eigelb und Zucker mit dem Handrührgerät 1 Minute aufschlagen, bis die Mischung locker und schaumig ist. Den Mascarpone unterrühren und zum Schluss die Schlagsahne unterheben. Das Tiramisù-Topping sollte nicht zu fest sein.

Für die Espresso-Martinis Wodka, Kaffeelikör und Espresso in einen Cocktailshaker geben. Einige Eiswürfel hinzufügen, den Deckel schließen und etwa 1 Minute schütteln.

Auf zwei Martinigläser verteilen und das Tiramisù-Topping mit einem Löffel darauf geben. Mit Kakaopulver bestäuben und mit Kaffeebohnen belegen.

Cin cin!

SCHOKOLADEN NEGRONI

- PORTIONEN -
1

- ZUBEREITUNG -
5 Minuten + Kühlzeit

Schokolade und Orange sind eine meiner liebsten Geschmackskombinationen überhaupt, und dieser Schokoladen-Negroni ist ein absoluter Traum! Wer diese Kombination nicht mag, lässt einfach die Schokoladen-Haselnuss-Creme weg und genießt den klassischen Negroni.

Eiswürfel
30 ml (2 EL) Gin
30 ml (2 EL) Campari
30 ml (2 EL) Wermut
2 EL Schokoladen-Haselnusscreme (Seite 135)
Orangenscheiben zum Servieren

Ein Glas für 20 Minuten in den Kühlschrank stellen, damit es schön kalt wird.

Einige Eiswürfel in das Glas geben, dann Gin, Campari und Wermut hinzufügen und mit einem Löffel umrühren.

Die Schokoladen-Haselnuss-Creme auf dem Glasrand verteilen und mit einer Orangenscheibe servieren.

Cin cin!

ÜBER DEN AUTOR

Angelo Coassin ist Italiener. Das Kochen – und die Leidenschaft für gutes Essen – hat er von seiner Mamma und seiner Oma gelernt. Im Jahr 2020 startete er seinen Instagram- und TikTok-Kanal @cookingwithbello, auf dem er köstliche italienische Rezepte zubereitet und mit einem Augenzwinkern präsentiert. Inzwischen hat er 1,4 Millionen Follower auf Instagram und 1,7 Millionen auf TikTok.

DANK

Grazie an meine Follower für eure Ermutigung und Unterstützung.

Grazie an meine Mutter Janet, meinen Vater Carlo und meinen Bruder Francesco, die mich gelehrt haben, was bedingungslose Liebe ist.

An meine Agenten bei Yellow Poppy Media, Anna, Geraldine und Kate, die immer an meine Vision und meine (manchmal) unkonventionellen Ideen geglaubt haben.

An Hardie Grant. An meinen super sexy Fotografen Luke, meine Food-Stylist-Queens, Esther, El und Caitlin, und Requisiteur Louie. An das George Saad Studio, das dieses Buch so schön gemacht hat.

Grazie an alle, die mich auf meinem Werdegang als Autor gefördert und mir im Lauf der Jahre immer wieder eine Chance gegeben haben: die italienischen Agenten der Zenzero Talent Agency, Bel, Marie, Danilo, GialloZafferano, Samsung Food und all die Firmen und Menschen, die meine Arbeit in all den Jahren unterstützt haben. *Grazie!*

An Johanna, die als erste an mich geglaubt hat, als ich nach London zog. An Alina und Johan!

An meine wundervolle italienische Familie: meine Großtante Rosanna, meine *Nonni* Luciano und Silvio, und meine *Nonne* Silvana und Angelina. An alle meine Tanten, Onkel und Cousinen: Danke, dass ich mich in eurer Mitte immer willkommen und geliebt fühlen kann.

Meiner Tante Mara danke ich für das wunderbare Tiramisù, die Liebe und das Lachen. Wir vermissen dich jeden Tag.

An Chips (alias John), eine der reinsten Seelen, die ich je in meinem Leben getroffen habe. Deiner Familie Helen, Steve, Nick und Jonesy dafür, dass ich mich hier wie zu Hause fühle.

An alle meine Freunde. Ich kann nicht alle aufzählen, aber ich MUSS Serxhio und Valeria erwähnen. Sara für das Abwaschen, Ilenia meine allererste Social Media Managerin, Anna für das Bearbeiten meines ersten Profilbildes und Tommy für die (unbewusste) Erfindung des Namens »Cooking with Bello«.

REGISTER

A
Antipasti
    Brot ohne Kneten 28–29
    Garnelen mit Pancetta 27
    Gemüse-Ricotta-Happen 31
    Gnocco fritto 32
    Kartoffel-Käse-Focaccia 23
    Klassische Bruschetta 20
    Moderne Bruschetta 21
    Narrensichere Focaccia 36–37
    Parmesan-Biscotti 19
    Parmesan-Perlen 14
    Pizza-Muffins 17
    Scrocchiarella mit Thunfisch-Dip 24–25

Aperol
    Geeister Aperol Spritz 163

Äpfel
    Apfelkuchen mit Mascarpone 128–129

Arancini
    Sizilianische Arancini 96–97

Aufstrich
    Haselnuss-Schoko-Creme 135

B

Basilikum
    Klassisches Pesto 63
    Linguine mit Zitronenpesto 84

Béchamelsauce 52

Bier
    Hähnchen mit Bier 108

Biscotti
    Parmesan-Biscotti 19

Blätterteig
    Garnelen mit Pancetta 27

Blitznudeln mit Spinatpesto 81

Bolognese, Sauce
    Klassische Bolognese 51
    Papas Lasagne Bolognese 52–53

Brot
    Brot ohne Kneten 28–29
    Narrensichere Focaccia 36–37

Bruschetta
    Klassische Bruschetta 20
    Moderne Bruschetta 21

Burrata
    Moderne Bruschetta 21

Butternusskürbis
    Kürbiskuchen mit Walnüssen 136

C
Calamari vom Backblech 111

Calamari
    Calamari vom Backblech 111

Camille 133

Campari
    Schokoladen-Negroni 168

Capri-Kuchen 151

Cashews
    Linguine mit Zitronenpesto 84
    Spinatpesto 81

Cocktails
    Geeister Aperol Spritz 163
    Limoncello Spritz 164
    Schokoladen-Negroni 168
    Tiramisù Espresso Martini 167
    Zitronen-Sgroppino 161

Crespelle
    Crespelle mit Spinat & Ricotta 72–73

D
Dips
    Thunfisch-Zwiebel-Dip 24–25

Dolci? siehe auch Kuchen
    Eis mit drei Zutaten 127
    Erfrischende Zitronen-Mousse 153
    Haselnuss-Schoko-Creme 135
    Panna cotta mit Erdbeeren 139
    Saftige Zitronentarte 148
    Tiramisù ganz klassisch 123
    Tiramisù mit Limoncello 143

E
Eier
    Gemüse-Ricotta-Happen 31
    Parmesan-Perlen 14

Eis mit drei Zutaten 127

Eis
    Eis mit drei Zutaten 127

Erfrischende Zitronen-Mousse 153

F

Fleischbällchen
    Fleischbällchen alla Mamma 101

Focaccia
    Kartoffel-Käse-Focaccia 23
    Narrensichere Focaccia 36–37

Frico 98

Frittata
    Spaghetti-Frittata 70–71

G

Garnelen
    Garnelen mit Pancetta 27

Gelato
    Eis mit drei Zutaten 127

Gemüse
    Gemüse-Ricotta-Happen 31

Getränke
    Geeister Aperol Spritz 163
    Limoncello Spritz 164
    Schokoladen-Negroni 168
    Tiramisù Espresso Martini 167
    Zitronen-Sgroppino 161

Gin
    Schokoladen-Negroni 168

Gnocchi
    Ricotta-Gnocchi 65

Gnocco
    Gnocco fritto 32

Gorgonzola
    Kartoffelravioli mit Käsefüllung 78–79

Guanciale
    Klassische Amatriciana 69
    Klassische Carbonara 42
    Pasta alla Zozzona 75

H

Haselnüsse
    Haselnuss-Schoko-Creme 135

Heidelbeerkuchen mit Ricotta 131

Huhn
    Hähnchen mit Bier 108
    Zitronenschnitzel mit Käse 91

I

Kabeljau
    Sizilianischer Kabeljau 115

Kaffee
    Tiramisù Espresso Martini 167
    Tiramisù ganz klassisch 123

Kaffeelikör
    Tiramisù Espresso Martini 167

Kalbfleisch
    Kalbskotelett Bolognese 105
    Vitello tonnato 102–103

Kalbskotelett Bolognese 105

Karotten
    Camille 133

Kartoffel-Käse-Focaccia 23

Kartoffeln
    Frico 98
    Kartoffelauflauf 116–117
    Kartoffel-Käse-Focaccia 23
    Kartoffelravioli mit Käsefüllung 78–79
    Knuspriger Kartoffelkuchen 35
    Sizilianischer Kabeljau 115

Kartoffelravioli mit Käsefüllung 78–79

Kondensmilch
    Eis mit drei Zutaten 127

Kuchen
    Apfelkuchen mit Mascarpone 128–129
    Camille 133
    Capri-Kuchen 151
    Heidelbeerkuchen mit Ricotta 131
    Kürbiskuchen mit Walnüssen 136
    Lava-Cake mit Pistazien 154
    Marmorkuchen 141
    Olivenölkuchen 145
    Torta paradiso 125

L

Lasagne
    Papas Lasagne Bolognese 52–53
    Sommerliche Lasagne 45

Lava-Cake mit Pistazien 154

Limoncello
    Limoncello Spritz 164
    Tiramisù mit Limoncello 143

Linguine
    Linguine mit Zitronenpesto 84

M

Mango
    Geeister Aperol Spritz 163

Marinara
    Selbst gemachte Marinara 61

Martini
    Tiramisù Espresso Martini 167

Mascarpone
    Apfelkuchen mit Mascarpone 128–129
    Tiramisù Espresso Martini 167
    Tiramisù ganz klassisch 123
    Tiramisù mit Limoncello 143

Mineralwasser
    Geeister Aperol Spritz 163
    Limoncello Spritz 164

Montasio
    Frico 98

Mousse
    Erfrischende Zitronen-Mousse 153

Mozzarella
    Gefüllte Zucchini 94
    Kartoffel-Käse-Focaccia 23
    Panzerotti 112–113
    Pasta pasticciata 57
    Pizza in Teglia 92–93
    Pizza-Muffins 17
    Sommerliche Lasagne 45
    Spaghetti-Frittata 70–71
    Winterliche Tomatensuppe 75

N

Narrensichere Focaccia 36–37
Negroni
    Schokoladen-Negroni 168

O

Oliven
    Calamari vom Backblech 111
Olivenölkuchen 145
Orangensaft
    Camille 133
    Geeister Aperol Spritz 163
Orzo
    Pastina 55

P

Pancetta
    Klassische Bolognese 51
    Garnelen mit Pancetta 27
    Spaghetti-Frittata 70–71
Panna cotta mit Erdbeeren 139
Panna cotta
    Panna cotta mit Erdbeeren 139
Panzerotti 112–113
Parmesan
    Calamari vom Backblech 111
    Gebackene Ricotta-Bällchen 83
    Gemüse-Ricotta-Happen 31
    Kalbskotelett Bolognese 105
    Kartoffelauflauf 116–117
    Klassisches Pesto 63
    Parmesan-Biscotti 19
    Parmesan-Perlen 14
    Pasta pasticciata 57
    Pastina 55
    Ricotta-Gnocchi 65
    Risotto mit Pilzen 48
    Sizilianische Arancini 96–97
    Sommerliche Lasagne 45
    Spaghetti-Frittata 70–71
    Spinatpesto 81
Pasta
    Blitznudeln mit Spinatpesto 81
    Frische Tagliatelle mit Rotwein 59
    Klassische Carbonara 42
    Linguine mit Zitronenpesto 84
    Papas Lasagne Bolognese 52–53

    Pasta alla Zozzona 75
    Pasta pasticciata 57
    Pasta-Rosen 66
    Pastina 55
    Penne alla Vodka 47
    Spaghetti-Frittata 70–71
Pastina 55
Pecorino
    Klassische Carbonara 42
    Klassisches Pesto 63
Penne alla Vodka 47
Pesto
    Klassisches Pesto 63
    Linguine mit Zitronenpesto 84
    Moderne Bruschetta 21
    Sommerliche Lasagne 45
    Spinatpesto 81
Petersilie
    Linguine mit Zitronenpesto 84
Pfannkuchen
    Crespelle mit Spinat & Ricotta 72–73
Pilze
    Risotto mit Pilzen 48
Pizza
    Panzerotti 112–113
    Pizza in Teglia 92–93
    Pizza-Muffins 17
Prosecco
    Geeister Aperol Spritz 163
    Limoncello Spritz 164
    Zitronen-Sgroppino 161
Provolone
    Gefüllte Tomaten 106–107
    Kartoffelauflauf 116–117
    Pasta-Rosen 66
    Spaghetti-Frittata 70–71
    Zitronenschnitzel mit Käse 91

Ravioli
    Kartoffelravioli mit Käsefüllung 78–79
Reis
    Gefüllte Tomaten 106–107
    Risotto mit Pilzen 48
    Sizilianische Arancini 96–97
Ricotta
    Crespelle mit Spinat & Ricotta 72–73
    Gebackene Ricotta-Bällchen 83
    Gefüllte Zucchini 94
    Gemüse-Ricotta-Happen 31
    Heidelbeerkuchen mit Ricotta 131
    Ricotta-Gnocchi 65
    Sommerliche Lasagne 45
Rigatoni
    Pasta alla Zozzona 75
    Pasta pasticciata 57
Rinderhackfleisch
    Fleischbällchen alla Mamma 101
    Klassische Bolognese 51

Risotto
    Risotto mit Pilzen 48
Rotwein
    Frische Tagliatelle mit Rotwein 59

S

Sahne
    Eis mit drei Zutaten 127
    Erfrischende Zitronen-Mousse 153
    Panna cotta mit Erdbeeren 139
    Penne alla Vodka 47
    Risotto mit Pilzen 48
    Tiramisù Espresso Martini 167
    Tiramisù ganz klassisch 123
    Tiramisù mit Limoncello 143
Salami
    Kartoffelauflauf 116–117
    Schokoladen-Salami 146
Saucen
    Béchamelsauce 52
    Klassische Bolognese 51
    Selbst gemachte Marinara 61
Sauerteig-Weißbrot
    Klassische Bruschetta 20
    Moderne Bruschetta 21
Schinken
    Kalbskotelett Bolognese 105
    Kartoffelravioli mit Käsefüllung 78–79
    Pasta-Rosen 66
    Sizilianische Arancini 96–97
Schokolade
    Capri-Kuchen 151
    Eis mit drei Zutaten 127
    Haselnuss-Schoko-Creme 135
    Marmorkuchen 141
    Schokoladen-Salami 146
    Schokoladen-Negroni 168
Schweinehackfleisch
    Klassische Bolognese 51
Scrocchiarella mit Thunfisch-Dip 24–25
Sgroppino
    Zitronen-Sgroppino 161
Sizilianischer Kabeljau 115
Sommerliche Lasagne 45
Spaghetti
    Klassische Carbonara 42
    Spaghetti-Frittata 70–71
Speisestärke
    Kartoffel-Käse-Focaccia 23
Spinat
    Crespelle mit Spinat & Ricotta 72–73
    Gebackene Ricotta-Bällchen 83
    Spinatpesto 81
Spritz
    Geeister Aperol Spritz 163
    Limoncello Spritz 164
Suppe
    Winterliche Tomatensuppe 76

T

Tagliatelle
    Frische Tagliatelle mit Rotwein 59
Tarte
    Saftige Zitronentarte 148–149
Thunfisch
    Vitello tonnato 102–103
    Thunfisch-Zwiebel-Dip 24–25
Tintenfisch
    Calamari vom Backblech 111
Tiramisù
    Tiramisù ganz klassisch 123
    Tiramisù mit Limoncello 143
    Tiramisù Espresso Martini 167
Tomaten
    Calamari vom Backblech 111
    Fleischbällchen alla Mamma 101
    Gefüllte Tomaten 106–107
    Klassische Bolognese 51
    Klassische Bruschetta 20
    Moderne Bruschetta 21
    Panzerotti 112–113
    Pasta alla Zozzona 75
    Pasta pasticciata 57
    Penne alla Vodka 47
    Pizza in Teglia 92–93
    Selbst gemachte Marinara 61
    Sizilianischer Kabeljau 115
    Winterliche Tomatensuppe 75
Torta paradiso 125

V

Vermouth
    Schokoladen-Negroni 168
Vitello tonnato 102–103

W

Walnüsse
    Kürbiskuchen mit Walnüssen 136
Wodka
    Penne alla Vodka 47
    Tiramisù Espresso Martini 167
    Zitronen-Sgroppino 161
Würste
    Pasta alla Zozzona 75
    Pasta pasticciata 57
Zitronen
    Erfrischende Zitronen-Mousse 153
    Limoncello Spritz 164
    Linguine mit Zitronenpesto 84
    Saftige Zitronentarte 148–149
    Tiramisù mit Limoncello 143
Zitroneneis
    Zitronen-Sgroppino 161
Zitronenschnitzel mit Käse 91
Zucchini
    Gefüllte Zucchini 94
    Sommerliche Lasagne 45

1. Auflage

© der deutschsprachigen Ausgabe 2025 by Südwest Verlag, einem Unternehmen der Penguin Random House Verlagsgruppe GmbH, Neumarkter Straße 28, 81673 München.

© der englischsprachigen Originalausgabe 2024 by Hardie Grant Books (London), an imprint of Hardie Grant Publishing Hardie Grant Books (London), hardiegrantbooks.com

Copyright text © Angelo Coassin
Copyright photography © Luke J Albert
Copyright design and illustrations © George Saad Studio

Hinweis

Alle Rechte vorbehalten. Vollständige oder auszugsweise Reproduktion, gleich welcher Form (Fotokopie, Mikrofilm, elektronische Datenverarbeitung oder durch andere Verfahren), Vervielfältigung, Weitergabe von Vervielfältigungen nur mit schriftlicher Genehmigung des Verlags.

Das vorliegende Buch ist sorgfältig erarbeitet worden. Dennoch erfolgen alle Angaben ohne Gewähr. Weder Autorin noch Verlag können für eventuelle Nachteile oder Schäden, die aus den im Buch gegebenen Hinweisen resultieren, eine Haftung übernehmen.

Der Verlag behält sich die Verwertung der urheberrechtlich geschützten Inhalte dieses Werkes für Zwecke des Text- und Data-Minings nach § 44 b UrhG ausdrücklich vor. Jegliche unbefugte Nutzung ist hiermit ausgeschlossen.

Projektleitung: Eva M. Salzgeber
Übersetzung: Wiebke Krabbe, München
Gesamtproducing: Dr. Alex Klubertanz, Haßfurt

Colour reproduction by p2d

Printed and bound in China by C&C Offset Printing Co., Ltd.

ISBN 978-3-517-10394-5

www.suedwest-verlag.de

Penguin Random House Verlagsgruppe
FSC® N001967

SUPER
Sexy!